CONVERGENCIAS

OCTAVIO PAZ

CONVERGENCIAS

Seix Barral 🕴 Biblioteca Breve

Cubierta: «El túnel y las apariciones» (fragmento),
de Martín Ramírez

Primera edición: noviembre 1991

© Octavio Paz, 1991

Derechos exclusivos de edición en español
reservados para todo el mundo:
© 1991: Editorial Seix Barral, S. A.
Córcega, 270 - 08008 Barcelona

ISBN: 84-322-0655-5

Depósito legal: B. 36.832 - 1991

Impreso en España

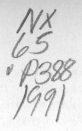
Convergencias reúne nueve ensayos, siete sobre poetas y pintores modernos, dos sobre temas más generales aunque también referidos a la poesía y al arte. En *Los hijos del limo* (1974) sostuve que, a diferencia de la poesía que inmediatamente nos precede y que fue la última expresión de lo que he llamado la «tradición de la ruptura», la nuestra es la búsqueda de «la intersección de los tiempos, el punto de convergencia». La primera mitad de este siglo fue el período del nacimiento, el mediodía y el ocaso de la vanguardia en sus diversas familias; desde hace más de treinta años se ha abierto un nuevo período. Aunque pocos lo han advertido, como sucede con frecuencia, otra poesía comienza. No nace en el centro publicitario de la actualidad sino en las afueras, en esa zona de silencio que es también la tierra de germinación de las ideas, las intuiciones y las obras. Una poesía distinta y que, sin embargo, es la misma; la poesía de convergencia no es la negación sino la *conversión* de la vanguardia en tradición, es decir, en punto de partida. ¿Hacia dónde? Hacia el lugar de siempre: el presente inaccesible.

Seis de los ensayos de este libro se refieren a poetas desaparecidos. Los seis pertenecen a la historia de la poesía del siglo XX; son nuestros predecesores y cada uno de ellos representa, mejor dicho, *es* un momento de la poesía moderna. Sus obras fueron un rompimiento; ahora son una tradición. Al conversar con ellos y con sus obras, converso conmigo mismo: son una parte de mi memoria.

Este volumen debe verse como la continuación de otros anteriores, especialmente de *Sombras de obras*

(1983) y de *La otra voz* (1990). Señalo también que *Convergencias* tiene un complemento en *Al paso*,[1] un pequeño libro escrito en esos mismos años y que recoge ensayos breves y apuntes sobre asuntos semejantes. Confío en que el lector de *Convergencias* y de *Al paso* perciba, a pesar de la aparente diversidad de los dos libros, la relación que los une: ambos dibujan, cara a nuestro tiempo, la misma pregunta. ¿Fin de una época y comienzo de otra?

Octavio Paz

México, a 10 de abril de 1991

---

1. De próxima aparición en Seix Barral. *(N. del E.)*

LA BÚSQUEDA DEL PRESENTE*

Comienzo con una palabra que todos los hombres, desde que el hombre es hombre, han proferido: *gracias*. Es una palabra que tiene equivalentes en todas las lenguas. Y en todas es rica la gama de significados. En las lenguas romances va de lo espiritual a lo físico, de la gracia que concede Dios a los hombres para salvarlos del error y la muerte a la gracia corporal de la muchacha que baila o a la del felino que salta en la maleza. Gracia es perdón, indulto, favor, beneficio, nombre, inspiración, felicidad en el estilo de hablar o de pintar, ademán que revela las buenas maneras y, en fin, acto que expresa bondad de alma. La gracia es gratuita, es un don; aquel que lo recibe, el agraciado, si no es un mal nacido, lo agradece: da las gracias. Es lo que yo hago ahora con estas palabras de poco peso. Espero que mi emoción compense su levedad. Si cada una fuese una gota de agua, ustedes podrían ver, a través de ellas, lo que siento: gratitud, reconocimiento. Y también una indefinible mezcla de temor, respeto y sorpresa al verme ante ustedes, en este recinto que es, simultáneamente, el hogar de las letras suecas y la casa de la literatura universal.

Las lenguas son realidades más vastas que las entidades políticas e históricas que llamamos naciones. Un ejemplo de esto son las lenguas europeas que habla-

---

* Conferencia Nobel 1990.

mos en América. La situación peculiar de nuestras literaturas frente a las de Inglaterra, España, Portugal y Francia depende precisamente de este hecho básico: son literaturas escritas en lenguas transplantadas. Las lenguas nacen y crecen en un suelo; las alimenta una historia común. Arrancadas de su suelo natal y de su tradición propia, plantadas en un mundo desconocido y por nombrar, las lenguas europeas arraigaron en las tierras nuevas, crecieron con las sociedades americanas y se transformaron. Son la misma planta y son una planta distinta. Nuestras literaturas no vivieron pasivamente las vicisitudes de las lenguas transplantadas: participaron en el proceso y lo apresuraron. Muy pronto dejaron de ser meros reflejos transatlánticos; a veces han sido la negación de las literaturas europeas y otras, con más frecuencia, su réplica.

A despecho de estos vaivenes, la relación nunca se ha roto. Mis clásicos son los de mi lengua y me siento descendiente de Lope y de Quevedo como cualquier escritor español... pero no soy español. Creo que lo mismo podrían decir la mayoría de los escritores hispanoamericanos y también los de los Estados Unidos, Brasil y Canadá frente a la tradición inglesa, portuguesa y francesa. Para entender más claramente la peculiar posición de los escritores americanos, basta con pensar en el diálogo que sostiene el escritor japonés, chino o árabe con esta o aquella literatura europea: es un diálogo a través de lenguas y de civilizaciones distintas. En cambio, nuestro diálogo se realiza en el interior de la misma lengua. Somos y no somos europeos. ¿Qué somos entonces? Es difícil definir lo que somos pero nuestras obras hablan por nosotros.

La gran novedad de este siglo, en materia literaria, ha sido la aparición de las literaturas de América. Primero surgió la angloamericana y después, en la segunda mitad del siglo xx, la de América Latina en sus dos grandes ramas, la hispanoamericana y la brasileña. Aunque son muy distintas, las tres literaturas tienen un rasgo en común: la pugna, más ideológica que literaria, entre las tendencias cosmopolitas y las nativistas, el europeísmo y el americanismo. ¿Qué ha quedado de esa disputa? Las polémicas se disipan; quedan las obras. Aparte de este parecido general, las diferencias entre las tres son numerosas y profundas. Una es de orden histórico más que literario: el desarrollo de la literatura angloamericana coincide con el ascenso histórico de los Estados Unidos como potencia mundial; el de la nuestra con las desventuras y convulsiones políticas y sociales de nuestros pueblos. Nueva prueba de los límites de los determinismos sociales e históricos; los crepúsculos de los imperios y las perturbaciones de las sociedades coexisten a veces con obras y momentos de esplendor en las artes y las letras: Li-Po y Tu Fu fueron testigos de la caída de los Tang, Velázquez fue el pintor de Felipe IV, Séneca y Lucano fueron contemporáneos y víctimas de Nerón. Otras diferencias son de orden literario y se refieren más a las obras en particular que al carácter de cada literatura. ¿Pero tienen *carácter* las literaturas, poseen un conjunto de rasgos comunes que las distingue unas de otras? No lo creo. Una literatura no se define por un quimérico, inasible carácter. Es una sociedad de obras únicas unidas por relaciones de oposición y afinidad.

La primera y básica diferencia entre la literatura latinoamericana y la angloamericana reside en la diversidad de sus orígenes. Unos y otros comenzamos por ser una proyección europea. Ellos de una isla y nosotros de una península. Dos regiones excéntricas por la geografía, la historia y la cultura. Ellos vienen de Inglaterra y la Reforma; nosotros de España, Portugal y la Contrarreforma. Apenas si debo mencionar, en el caso de los hispanoamericanos, lo que distingue a España de las otras naciones europeas y le otorga una notable y original fisonomía histórica. España no es menos excéntrica que Inglaterra aunque lo es de manera distinta. La excentricidad inglesa es insular y se caracteriza por el aislamiento: una excentricidad por exclusión. La hispana es peninsular y consiste en la coexistencia de diferentes civilizaciones y pasados: una excentricidad por inclusión. En lo que sería la católica España los visigodos profesaron la herejía de Arriano, para no hablar de los siglos de dominación de la civilización árabe, de la influencia del pensamiento judío, de la Reconquista y de otras peculiaridades.

En América la excentricidad hispánica se reproduce y se multiplica, sobre todo en países con antiguas y brillantes civilizaciones como México y Perú. Los españoles encontraron en México no sólo una geografía sino una historia. Esa historia está viva todavía: no es un pasado sino un presente. El México precolombino, con sus templos y sus dioses, es un montón de ruinas pero el espíritu que animó ese mundo no ha muerto. Nos habla en el lenguaje cifrado de los mitos, las leyendas, las formas de convivencia, las artes populares, las costumbres. Ser escritor mexicano significa oír lo que nos dice ese presente —esa presencia. Oírla, hablar con ella, descifrarla: decirla... Tal vez después de esta breve digresión sea posible entrever la extraña relación que, al mismo tiempo, nos une y separa de la tradición europea.

La conciencia de la separación es una nota constante de nuestra historia espiritual. A veces sentimos la separación como una herida y entonces se transforma en escisión interna, conciencia desgarrada que nos invita al examen de nosotros mismos; otras aparece como un reto, espuela que nos incita a la acción, a salir al encuentro de los otros y del mundo. Cierto, el sentimiento de la separación es universal y no es privativo de los hispanoamericanos. Nace en el momento mismo de nuestro nacimiento: desprendidos del todo caemos en un suelo extraño. Esta experiencia se convierte en una llaga que nunca cicatriza. Es el fondo insondable de cada hombre; todas nuestras empresas y acciones, todo lo que hacemos y soñamos, son puentes para romper la separación y unirnos al mundo y a nuestros semejantes. Desde esta perspectiva, la vida de cada hombre y la historia colectiva de los hombres pueden verse como tentativas destinadas a reconstruir la situación original. Inacabada e inacabable cura de la escisión. Pero no me propongo hacer otra descripción, una más, de este sentimiento. Subrayo que entre nosotros se manifiesta sobre todo en términos históricos. Así, se convierte en conciencia de nuestra historia. ¿Cuándo y cómo aparece este sentimiento y cómo se transforma en conciencia? La respuesta a esta doble pregunta puede consistir en una teoría o en un testimonio personal. Prefiero lo segundo: hay muchas teorías y ninguna del todo confiable.

El sentimiento de separación se confunde con mis recuerdos más antiguos y confusos: con el primer llanto, con el primer miedo. Como todos los niños, construí puentes imaginarios y afectivos que me unían al mundo y a los otros. Vivía en un pueblo de las afueras de la ciudad de México, en una vieja casa ruinosa con un jardín selvático y una gran habitación llena de libros. Primeros juegos, primeros aprendizajes. El jardín se convirtió en el centro del mundo y la biblioteca en caverna encantada. Leía y jugaba con mis primos y mis compañeros de escuela. Había una higuera, templo vegetal, cuatro pinos, tres fresnos, un huele-de-noche, un granado, herbazales, plantas espinosas que producían rozaduras moradas. Muros de adobe. El tiempo era elástico; el espacio, giratorio. Mejor dicho: todos los tiempos, reales o imaginarios, eran *ahora mismo*; el espacio, a su vez, se transformaba sin cesar: allá era aquí; todo era aquí: un valle, una montaña, un país lejano, el patio de los vecinos.

11

Los libros de estampas, particularmente los de historia, hojeados con avidez, nos proveían de imágenes: desiertos y selvas, palacios y cabañas, guerreros y princesas, mendigos y monarcas. Naufragamos con Simbad y con Robinson, nos batimos con d'Artagnan, tomamos Valencia con el Cid. ¡Cómo me hubiera gustado quedarme para siempre en la isla de Calipso! En verano la higuera mecía todas sus ramas verdes como si fuesen las velas de una carabela o de un barco pirata; desde su alto mástil, batido por el viento, descubrí islas y continentes —tierras que apenas pisadas se desvanecían. El mundo era ilimitado y, no obstante, siempre al alcance de la mano; el tiempo era una substancia maleable y un presente sin fisuras.

¿Cuándo se rompió el encanto? No de golpe: poco a poco. Nos cuesta trabajo aceptar que el amigo nos traiciona, que la mujer querida nos engaña, que la idea libertaria es la máscara del tirano. Lo que se llama «caer en la cuenta» es un proceso lento y sinuoso porque nosotros mismos somos cómplices de nuestros errores y engaños. Sin embargo, puedo recordar con cierta claridad un incidente que, aunque pronto olvidado, fue la primera señal. Tendría unos seis años y una de mis primas, un poco mayor que yo, me enseñó una revista norteamericana con una fotografía de soldados desfilando por una gran avenida, probablemente de Nueva York. «Vuelven de la guerra», me dijo. Esas pocas palabras me turbaron como si anunciasen el fin del mundo o el segundo advenimiento de Cristo. Sabía, vagamente, que allá lejos, unos años antes, había terminado una guerra y que los soldados desfilaban para celebrar su victoria; para mí aquella guerra había pasado en otro tiempo, no *ahora* ni *aquí*. La foto me desmentía. Me sentí, literalmente, desalojado del presente.

Desde entonces el tiempo comenzó a fracturarse más y más. Y el espacio, los espacios. La experiencia se repitió una y otra vez. Una noticia cualquiera, una frase anodina, el titular de un diario, una canción de moda: pruebas de la existencia del mundo de afuera y revelaciones de mi irrealidad. Sentí que el mundo se escindía: yo no estaba en el presente. Mi ahora se disgregó: el verdadero tiempo estaba en otra parte. Mi tiempo, el tiempo del jardín, la higuera, los juegos con los amigos, el sopor bajo el sol de las tres de la tarde entre las yerbas, el higo entreabierto —negro y rojizo como un ascua pero un ascua dulce y fresca— era un tiempo ficticio. A pesar del testimonio de mis sentidos, el tiempo de allá, el de los otros, era el verdadero, el tiempo del presente real. Acepté lo inaceptable: fui adulto. Así comenzó mi expulsión del presente.

Decir que hemos sido expulsados del presente puede parecer una paradoja. No: es una experiencia que todos hemos sentido alguna vez; algunos la hemos vivido primero como una condena y después transformada en conciencia y acción. La búsqueda del presente no es la búsqueda del edén terrestre ni de la eternidad sin fechas: es la búsqueda de la realidad real. Para nosotros, hispanoamericanos, ese presente real no estaba en nuestros países: era el tiempo que vivían los otros, los ingleses, los franceses, los alemanes. El tiempo de Nueva York, París, Londres. Había que salir en su busca y traerlo a nuestras tierras. Esos años fueron también los de mi descubrimiento de la literatura. Comencé a escribir poemas. No sabía qué me llevaba a escribirlos: estaba movido por una necesidad interior difícilmente definible. Apenas ahora he comprendido que entre lo que he llamado mi expulsión del presente y escribir poemas había una relación secreta. La poesía está enamorada del instante y quiere revivirlo en un poema; lo aparta de la sucesión y lo convierte en presente fijo. Pero en aquella época yo escribía sin preguntarme por qué lo hacía. Buscaba la puerta de entrada al presente: quería ser de mi tiempo y de mi siglo. Un poco después esta obsesión se volvió idea fija: quise ser un poeta moderno. Comenzó mi búsqueda de la modernidad.

¿Qué es la modernidad? Ante todo, es un término equívoco: hay tantas modernidades como sociedades. Cada una tiene la suya. Su significado es incierto y arbitrario, como el del período que la precede, la Edad Media. Si somos modernos frente al medievo, ¿seremos acaso la Edad Media de una futura modernidad? Un nombre que cambia con el tiempo, ¿es un verdadero nombre? La modernidad es una palabra en busca de su significado: ¿Es una idea, un espejismo o un momento de la historia? ¿Somos hijos de la modernidad o ella es nuestra creación? Nadie lo sabe a ciencia cierta. Poco importa: la seguimos, la perseguimos. Para mí, en aquellos años, la modernidad se confundía con el presente o, más bien, lo producía: el presente era su flor extrema y última. Mi caso no es único ni excepcional: todos los poetas de nuestra época, desde el período simbolista, fascinados por esa figura a un tiempo magnética y elusiva, han corrido tras ella. El primero fue Baudelaire. El primero también que logró tocarla y así descubrir que no es sino tiempo que se deshace entre las manos. No referiré mis aventuras en la persecusión de la modernidad: son las de casi todos los poetas de nuestro siglo. La modernidad ha sido una pasión universal. Desde 1850 ha sido nuestra diosa y nuestro demonio. En los últimos años se ha pretendido exorcisarla y se habla mucho de la «postmodernidad». ¿Pero qué es la postmodernidad sino una modernidad aún más moderna?

Para nosotros, latinoamericanos, la búsqueda de la modernidad poética tiene un paralelo histórico en las repetidas y diversas tentativas de modernización de nuestras naciones. Es una tendencia que nace a fines del siglo XVIII y que abarca a la misma España. Los Estados Unidos nacieron con la modernidad y ya para 1830, como lo vio Tocqueville, eran la matriz del futuro; nosotros nacimos en el momento en que

14

España y Portugal se apartaban de la modernidad. De ahí que a veces se hablase de «europeizar» a nuestros países: lo moderno estaba afuera y teníamos que importarlo. En la historia de México el proceso comienza un poco antes de las guerras de Independencia; más tarde se convierte en un gran debate ideológico y político que divide y apasiona a los mexicanos durante el siglo XIX. Un episodio puso en entredicho no tanto la legitimidad del proyecto reformador como la manera en que se había intentado realizarlo: la Revolución mexicana. A diferencia de las otras revoluciones del siglo XX, la de México no fue tanto la expresión de una ideología más o menos utópica como la explosión de una realidad histórica y psíquica oprimida. No fue la obra de un grupo de ideólogos decididos a implantar unos principios derivados de una teoría política; fue un sacudimiento popular que mostró a la luz lo que estaba escondido. Por esto mismo fue, tanto o más que una revolución, una revelación. México buscaba al presente afuera y lo encontró adentro, enterrado pero vivo. La búsqueda de la modernidad nos llevó a descubrir nuestra antigüedad, el rostro oculto de la nación. Inesperada lección histórica que no sé si todos han aprendido: entre tradición y modernidad hay un puente. Aisladas, las tradiciones se petrifican y las modernidades se volatilizan; en conjunción, una anima a la otra y la otra le responde dándole peso y gravedad.

La búsqueda de la modernidad poética fue una verdadera *quête* en el sentido alegórico y caballeresco que tenía esa palabra en el siglo XII. No rescaté ningún Grial, aunque recorrí varias *waste lands*, visité castillos de espejos y acampé entre tribus fantasmales. Pero descubrí a la tradición moderna. Porque la modernidad no es una escuela poética sino un linaje, una familia esparcida en varios continentes y que durante dos siglos ha sobrevivido a muchas vicisitudes y desdichas: la indiferencia pública, la soledad y

15

los tribunales de las ortodoxias religiosas, políticas, académicas y sexuales. Ser una tradición y no una doctrina le ha permitido, simultáneamente, permanecer y cambiar. También le ha dado diversidad: cada aventura poética es distinta y cada poeta ha plantado un árbol diferente en este prodigioso bosque parlante. Si las obras son diversas y los caminos distintos, ¿qué une a todos estos poetas? No una estética sino la búsqueda. Mi búsqueda no fue quimérica, aunque la idea de modernidad sea un espejismo, un haz de reflejos. Un día descubrí que no avanzaba sino que volvía al punto de partida: la búsqueda de la modernidad era un descenso a los orígenes. La modernidad me condujo a mi comienzo, a mi antigüedad. La ruptura se volvió reconciliación. Supe así que el poeta es un latido en el río de las generaciones.

La idea de modernidad es un subproducto de la concepción de la historia como un proceso sucesivo, lineal e irrepetible. Aunque sus orígenes están en el judeocristianismo, es una ruptura con la doctrina cristiana. El cristianismo desplazó al tiempo cíclico de los paganos: la historia no se repite, tuvo un principio y tendrá un fin; el tiempo sucesivo fue el tiempo profano de la historia, teatro de las acciones de los hombres caídos, pero sometido al tiempo sagrado, sin principio ni fin. Después del Juicio Final, lo mismo en el cielo que en el infierno, no habrá futuro. En la Eternidad no sucede nada porque todo es. Triunfo del ser sobre el devenir. El tiempo nuevo, el nuestro, es lineal como el cristiano pero abierto al infinito y sin referencia a la Eternidad. Nuestro tiempo es el de la historia profana. Tiempo irreversible y perpetuamente inacabado, en marcha no hacia su fin sino hacia el porvenir. El sol de la historia se llama futuro y el nombre del movimiento hacia el futuro es Progreso.

Para el cristiano, el mundo —o como antes se decía: *el siglo*, la vida terrenal— es un lugar de prueba: las almas se pierden o se salvan en este mundo. Para la nueva concepción, el sujeto histórico no es el alma individual sino el género humano, a veces concebido como un todo y otras a través de un grupo escogido que lo representa: las naciones adelantadas de Occidente, el proletariado, la raza blanca o cualquier otro ente. La tradición filosófica pagana y cristiana había exaltado al Ser, plenitud henchida, perfección que no cambia nunca; nosotros adoramos al Cambio, motor del progreso y modelo de nuestras sociedades. El Cambio tiene dos modos privilegiados de manifestación: la evolución y la revolución, el trote y el salto. La modernidad es la punta del movimiento histórico, la encarnación de la evolución o de la revolución, las dos caras del progreso. Por último, el progreso se realiza gracias a la doble acción de la ciencia y de la técnica, aplicadas al dominio de la naturaleza y a la utilización de sus inmensos recursos.

El hombre moderno se ha definido como un ser histórico. Otras sociedades prefirieron definirse por valores e ideas distintas al cambio: los griegos veneraron a la Polis y al círculo pero ignoraron al progreso, a Séneca le desvelaba, como a todos los estoicos, el eterno retorno, San Agustín creía que el fin del mundo era inminente, Santo Tomás construyó una escala —los grados del ser— de la criatura al Creador y así sucesivamente. Una tras otra esas ideas y creencias fueron abandonadas. Me parece que comienza a ocurrir lo mismo con la idea del Progreso y, en consecuencia, con nuestra visión del tiempo, de la historia y de nosotros mismos. Asistimos al crepúsculo del futuro. La baja de la idea de modernidad, y la boga de una noción tan dudosa como «postmodernidad», no son fenómenos que afecten únicamente a las artes y a la literatura: vivimos la crisis de las ideas y creencias básicas que han movido a los hombres desde hace más de dos siglos. En otras ocasiones me he referido con cierta extensión al tema. Aquí sólo puedo hacer un brevísimo resumen.

En primer término: está en entredicho la concepción de un proceso abierto hacia el infinito y sinónimo de progreso continuo. Apenas si debo mencionar lo que todos sabemos: los recursos naturales son finitos y un día se acabarán. Además, hemos causado daños tal vez irreparables al medio natural y la especie misma está amenazada. Por otra parte, los instrumentos del progreso —la ciencia y la técnica— han mostrado con terrible claridad que pueden convertirse fácilmente en agentes de destrucción. Finalmente, la existencia de armas nucleares es una refutación de la idea de progreso inherente a la historia. Una refutación, añado, que no hay más remedio que llamar devastadora.

En segundo término: la suerte del sujeto histórico, es decir, de la colectividad humana, en el siglo XX. Muy pocas veces los pueblos y los individuos habían sufrido tanto: dos guerras mundiales, despotismos en los cinco continentes, la bomba atómica y, en fin, la multiplicación de una de las instituciones más crueles y mortíferas que han conocido los hombres, el campo de concentración. Los beneficios de la técnica moderna son incontables pero es imposible cerrar los ojos ante las matanzas, torturas, humillaciones, degradaciones y otros daños que han sufrido millones de inocentes en nuestro siglo.

En tercer término: la creencia en el progreso necesario. Para nuestros abuelos y nuestros padres las ruinas de la historia —cadáveres, campos de batalla desolados, ciudades demolidas— no negaban la bondad esencial del proceso histórico. Los cadalsos y las tiranías, las guerras y la barbarie de las luchas civiles eran el precio del progreso, el rescate de sangre que había que pagar al dios de la historia. ¿Un dios? Sí, la razón misma, divinizada y rica en crueles astucias, según Hegel. La supuesta racionalidad de la historia se ha evaporado. En el dominio mismo del orden, la regularidad y la coherencia —en las ciencias exactas y en la física— han reaparecido las viejas nociones de accidente y de catástrofe. Inquietante resurrección que me hace pensar en los terrores del Año Mil y en la angustia de los aztecas al fin de cada ciclo cósmico.

Y para terminar esta apresurada enumeración: la ruina de todas esas hipótesis filosóficas e históricas que pretendían conocer las leyes de desarrollo histórico. Sus creyentes, confiados en que eran dueños de las llaves de la historia, edificaron poderosos Estados sobre pirámides de cadáveres. Esas orgullosas construcciones, destinadas en teoría a liberar a los hombres, se convirtieron muy pronto en cárceles gigantescas. Hoy las hemos visto caer; las echaron abajo no los enemigos ideológicos sino el cansancio y el afán libertario de las nuevas generaciones. ¿Fin de las utopías? Más bien: fin de la idea de la historia como un fenómeno cuyo desarrollo se conoce de antemano. El determinismo histórico ha sido una costosa y sangrienta fantasía. La historia es imprevisible porque su agente, el hombre, es la indeterminación en persona.

Este pequeño repaso muestra que, muy probablemente, estamos al fin de un período histórico y al comienzo de otro. ¿Fin o mutación de la Edad Moderna? Es difícil saberlo. De todos modos, el derrumbe de las utopías ha dejado un gran vacío, no en los países en donde esa ideología ha hecho sus pruebas y ha fallado sino en aquellos en los que muchos la abrazaron con entusiasmo y esperanza. Por primera vez en la historia los hombres viven en una suerte de intemperie espiritual y no, como antes, a la sombra de esos sistemas religiosos y políticos que, simultáneamente, nos oprimían y nos consolaban. Las sociedades son históricas pero todas han vivido guiadas e inspiradas por un conjunto de creencias e ideas metahistóricas. La nuestra es la primera que se apresta a vivir sin una doctrina metahistórica; nuestros absolutos —religiosos o filosóficos, éticos o estéticos— no son colectivos sino privados. La experiencia es arriesgada. Es imposible saber si las tensiones y conflictos de esta privatización de ideas, prácticas y creencias que tradicionalmente pertenecían a la vida pública no terminará por quebrantar la fábrica social. Los hombres podrían ser poseídos nuevamente por las antiguas furias religiosas y por los fanatismos nacionalistas. Sería terrible que la caída del ídolo abstracto de la ideología anunciase la resurrección de las pasiones enterradas de las tribus, las sectas y las iglesias. Por desgracia, los signos son inquietantes.

La declinación de las ideologías que he llamado metahistóricas, es decir, que asignan un fin y una dirección a la historia, implica el tácito abandono de soluciones globales. Nos inclinamos más y más, con buen sentido, por remedios limitados para resolver problemas concretos. Es cuerdo abstenerse de legislar sobre el porvenir. Pero el presente requiere no solamente atender a sus necesidades inmediatas: también nos pide una reflexión global y más rigurosa. Desde hace mucho creo, y lo creo firmemente, que el ocaso del futuro anuncia el advenimiento del hoy. Pensar el hoy significa, ante todo, recobrar la mirada crítica. Por ejemplo, el triunfo de la economía de mercado —un triunfo por *default* del adversario— no puede ser únicamente motivo de regocijo. El mercado es un mecanismo eficaz pero, como todos los mecanismos, no tiene conciencia y tampoco misericordia. Hay que encontrar la manera de insertarlo en la sociedad para que sea la expresión del pacto social y un instrumento de justicia y equidad. Las sociedades democráticas desarrolladas han alcanzado una prosperidad envidiable; asimismo, son islas de abundancia en el océano de la miseria universal.

El tema del mercado tiene una relación muy estrecha con el deterioro del medio ambiente. La contaminación no sólo infesta al aire, a los ríos y a los bosques sino a las almas. Una sociedad poseída por el frenesí de producir más para consumir más tiende a convertir las ideas, los sentimientos, el arte, el amor, la amistad y las personas mismas en objetos de consumo. Todo se vuelve cosa que se compra, se usa y se tira al basurero. Ninguna sociedad había producido tantos desechos como la nuestra. Desechos materiales y morales.

La reflexión sobre el ahora no implica renuncia al futuro ni olvido del pasado: el presente es el sitio de encuentro de los tres tiempos. Tampoco puede confundirse con un fácil hedonismo. El árbol del placer no crece en el pasado o en el futuro sino en el ahora mismo. También la muerte es un fruto del presente. No podemos rechazarla: es parte de la vida. Vivir bien exige morir bien. Tenemos que aprender a mirar de frente a la muerte. Alternativamente luminoso y sombrío, el presente es una esfera donde se unen las dos mitades, la acción y la contemplación. Así como hemos tenido filosofías del pasado y del futuro, de la eternidad y de la nada, mañana tendremos una filosofía del presente. La experiencia poética puede ser una de sus bases. ¿Qué sabemos del presente? Nada o casi nada. Pero los poetas saben algo: el presente es el manantial de las presencias.

En mi peregrinación en busca de la modernidad me perdí y me encontré muchas veces. Volví a mi origen y descubrí que la modernidad no está afuera sino adentro de nosotros. Es hoy y es la antigüedad más antigua, es mañana y es el comienzo del mundo, tiene mil años y acaba de nacer. Habla en nahuatl, traza ideogramas chinos del siglo IX y aparece en la pantalla de televisión. Presente intacto, recién desenterrado, que se sacude el polvo de siglos, sonríe y, de pronto, se echa a volar y desaparece por la ventana.

Simultaneidad de tiempos y de presencias: la modernidad rompe con el pasado inmediato sólo para rescatar al pasado milenario y convertir a una figurilla de fertilidad del neolítico en nuestra contemporánea. Perseguimos a la modernidad en sus incesantes metamorfosis y nunca logramos asirla. Se escapa siempre: cada encuentro es una fuga. La abrazamos y al punto se disipa: sólo era un poco de aire. Es el instante, ese pájaro que está en todas partes y en ninguna. Queremos asirlo vivo pero abre las alas y se desvanece, vuelto un puñado de sílabas. Nos quedamos con las manos vacías. Entonces las puertas de la percepción se entreabren y aparece el *otro tiempo*, el verdadero, el que buscábamos sin saberlo: el presente, la presencia.

Estocolmo, a 8 de diciembre de 1990

INTERSECCIONES Y BIFURCACIONES

(VALERY LARBAUD Y FERNANDO PESSOA)

BARNABOOTH: EL PRIMER HETERÓNIMO

> *Le poète jouit de cet incomparable privilège, qu'il peut à sa guise être lui-même et autrui.*
>
> CHARLES BAUDELAIRE

La publicación de las *Obras escogidas de A. O. Barnabooth* (Vuelta, El Gabinete Literario), en una notable traducción de Ulalume González de León, autora también de un prólogo agudo y enterado, fue recibida con un silencio que no es exagerado llamar unánime. Tenemos varias revistas literarias y abundan los suplementos culturales pero nuestros críticos prefieren darle vueltas y vueltas al molino adonde se muelen los ruidosos lugares comunes de la actualidad literaria: Valery Larbaud no es noticia. Por fortuna: por esto ha sobrevivido y sobrevivirá a la basura de la canasta adonde van a parar los artículos sobre los libros (y los libros mismos) de fulanitos y menganitas, celebridades metropolitanas.

Barnabooth ha tenido mejor suerte en España. En un inteligente artículo, «El viajero más lento», publicado en «Culturas» (*Diario 16*, el 30 de julio pasado), Enrique Vila-Matas señala la curiosa miopía de la crítica de Francia: exalta al escritor que conti-

23

núa la tradición de la prosa francesa pero desdeña al poeta abierto a los vientos políglotas de la modernidad. Basta hojear el volumen de *La Pléiade* dedicado a Larbaud para comprobar cuánta razón tiene el escritor español. En el prólogo Marcel Arland dice que los poemas de Barnabooth muestran «cierta precipitación y flojedad» y agrega: por fortuna Larbaud comprendió que su verdadera vocación era la prosa y «puso a su servicio su sensibilidad poética». Cierto, leer la prosa de Larbaud es penetrar en una comarca encantada; las frases fluyen con felicidad, ni demasiado lentas ni rápidas, como un río sinuoso y persistente que, más que vencer a los obstáculos, los sortea. Mesura exquisita, nada geométrica y que acepta con naturalidad las vaguedades y las sorpresas, el relámpago y el silencio súbito. En un país de grandes prosistas, la prosa de Larbaud es una de las más puras de este siglo. A pesar de su modernidad, por su gracia y flexibilidad no se me ocurre compararla con la de sus contemporáneos sino con la del Nerval de *Les filles du feu.* En lengua española sólo Alfonso Reyes lo iguala. Sin embargo, Larbaud no sólo continúa una tradición venerable sino que inicia otra. Con los poemas de Barnabooth y con la invención de ese personaje, comienza un capítulo de la poesía del siglo XX en Francia y, sobre todo, fuera de Francia.

Mayor incomprensión, si cabe, es la de Robert Mallet, autor en el mismo volumen de las notas y el comentario sobre Barnabooth. Mallet dice: «creyendo descubrir a un personaje, Larbaud se descubrió a sí mismo». Enrique Vila-Matas subraya que A. O. Barnabooth no es un pseudónimo de Valery Larbaud sino un verdadero heterónimo. Es cierto, aunque es lástima que no desarrolle su observación. Más adelante indica que Barnabooth es anterior «en un año» al primer heterónimo de Pessoa. No, la anterioridad no es de un año sino de seis. La primera edición de las poesías de A. O. Barnabooth, el millonario sudamericano, es de 1908; la segunda es de 1913, ese «*Annus mirabilis* de la literatura francesa», como lo llama Roger Shattuck en su vivaz crónica de ese período (*The Banquet Years*, 1967). En efecto, en 1913 aparecen *Du côté de chez Swann* de Proust, *Le grand Meaulnes* de Alain Fournier, *Alcools* de Apollinaire y *Barnabooth* de Larbaud. En mi ensayo sobre Pessoa («El desconocido de sí mismo», 1961), sugerí la más que probable influencia de Barnabooth sobre los heteró nimos de Pessoa. La originalidad enorme de Larbaud es haber inventado el primer heterónimo de la literatura moderna.

¿Qué es un heterónimo? En lugar de acudir a nuestros diccionarios, casi siempre vagos, es mejor oír a Pessoa: «La obra pseudónima es del autor en su persona, salvo que firma con otro nombre; la heterónima es del autor *fuera* de su persona.» El caso de Barnabooth se ajusta perfectamente a esta condición. Además, hay otra diferencia que distingue al heterónimo no sólo del pseudónimo sino del personaje de una novela o de una pieza de teatro: el personaje es la creación de un autor, el heterónimo es un personaje que es un autor. No basta con que el autor nos diga que Barnabooth, Ricardo Reis y Álvaro de Campos son poetas como Balzac nos dice que Canalis es un poeta; es necesario que nos muestre sus obras y que esas obras posean individualidad y carácter propios. Nos interesan las figuras de Campos y de Barnabooth porque nos interesan sus obras y no a la inversa. Leemos una biografía de Pound por ser el autor de los *Cantos*; por la misma razón leemos la biografía de Barnabooth o las parcas noticias biográficas que nos da Pessoa de sus heterónimos.

En la carta famosa en que Pessoa relata a Casais Monteiro la aparición de los heterónimos, dice que en 1914 se le «ocurrió tomarle el pelo a Sà-Carneiro, inventar un poeta bucólico... y presentarlo como si fuese un ser real... Un día, fue el 8 de marzo de 1914,

25

me acerqué a una cómoda alta y, tomando un manojo de papeles, comencé a escribir... y escribí treinta y tantos poemas seguidos, en una suerte de éxtasis cuya naturaleza no podría definir. Fue el día triunfal de mi vida». Así nació el primer heterónimo, Alberto Caeiro. Los poemas fueron anteriores a la biografía; en cierto modo, los poemas hicieron a Caeiro. Aunque en el caso de Barnabooth nos falta un testimonio tan explícito como éste, por la correspondencia de Larbaud (y por la misma lógica de su creación literaria), es claro que los poemas del rico sudamericano fueron, en su mayoría, anteriores al personaje. Una vez escritos los poemas, Larbaud sintió que Barnabooth necesitaba una vida y nueva ficción, inventó a X. M. Tournier de Zamble, autor de la biografía que figura en la edición de 1908. En la segunda edición (1913), Larbaud substituyó la biografía por el diario íntimo de Barnabooth. A mí la biografía de Zamble me gusta mucho: está escrita con un humor seco y, dentro de su comicidad seria, a lo Buster Keaton, es penetrante, impertinente y divertida. Dentro de la economía general de la obra, la biografía tenía una función que no cumple enteramente el diario; era un tercer punto de vista, distinto al del autor y al de su heterónimo, que daba otra realidad a Barnabooth. La realidad del espejo deformante. En cuanto al diario: admirablemente escrito, es un texto en cierto modo autónomo y se puede leer sin los poemas. Más que un diario es una novela que relata, en primera persona, una peregrinación sensual, sentimental y espiritual. Después, Larbaud abandonó a Barnabooth y exploró, con felicidad pero con menos audacia y novedad, otros dominios. Tal vez no supo qué hacer con él: había dejado de ser su criatura y tenía vida propia. Fue *su otro*. Era difícil soportar la presencia de ese intruso íntimo y Larbaud prefirió sepultarlo. Cometió el mismo pecado que Reyes: esconder a su demonio.

Es reveladora la aparición del nombre del poeta Mario de Sà-Carneiro en la carta de Pessoa. También lo son las fechas: entre 1912 y 1914 los dos poetas descubren poco los nuevos movimientos poéticos. Sà-Carneiro vivía en París y 1913 es el año de una agitada y continua correspondencia entre los dos amigos. Es imposible que, uno en París y otro en Lisboa, no hayan reparado en la aparición de las *Obras completas de A. O. Barnabooth*. En Francia el libro fue comentado y, muy pronto, imitado. Por todo esto, no es aventurado pensar que Pessoa conoció el libro de Larbaud, quizá a través de su corresponsal en París, y que ese libro influyó decisivamente en la invención de los heterónimos. Por último, advierto una diferencia esencial entre la obra del escritor francés y la del poeta portugués: lo que en Larbaud fue una afortunada pero aislada ficción poética, en Pessoa fue una visión del hombre. Los heterónimos de Pessoa fueron una explosión del yo: dispersión y pluralidad de la conciencia. En esto reside su radical modernidad.

Tangencias

> *Demain, tout les magasines seront ouverts, ô mon âme.*
>
> A. O. Barnabooth

Aparte de la precedencia de Larbaud, encuentro una notable semejanza entre la figura de Álvaro de Campos y la de Archibaldo Olson Barnabooth. Se trata de algo que podría llamarse un aire de familia espiritual; quiero decir, es un parecido que no viene de la sangre sino de los sentimientos y las ideas de la época. El siglo XX se anuncia en ellos y los dos comparten pasiones y actitudes que se han convertido en signos distintivos de la sensibilidad moderna: el cosmopolitismo, la idolatría por las máquinas y la industria, el culto al viaje (ferrocarriles, paquebotes), el deslumbramiento ante las ciudades modernas y sus escaparates repletos de objetos centelleantes (cosas que se compran y venden, fetichismo moderno); las grandes avenidas luminosas y la penumbra de las callejas sórdidas del vicio, la admiración por Whitman y el verso libre como una invitación a realizar el sueño traicionado: ¡levar anclas!, el impulso a perderse en el gentío —¿ansia de comunión o huida de sí mismos?— fatal y rápidamente convertido en un descubrimiento desolador: el de la soledad en la muchedumbre; el lirismo disfrazado de sentido común que los lleva, «para respirar un poco de aire», a la orilla del mar y allí, bajo las estrellas y su escritura indescifrable, sollozar ante el infinito desamparo de los hombres.

Barnabooth y Campos sufren la seducción —mejor dicho el vértigo— de la modernidad y en los dos ese enamoramiento se transforma pronto en disgusto y horror. Son hijos de Whitman pero también de Baudelaire; sus «baños de multitud» son ceremonias de expiación y abyección. Voluntariamente «déclassés» —uno millonario y el otro ingeniero naval— buscan entre lo que llaman «la gentuza» el perdido secreto de la vida. Búsqueda vana: Barnabooth y Campos están condenados a examinarse y juzgarse. A pesar de su amor a los viajes, nunca pueden salir de sí mismos: son los prisioneros de su mirada. Recorren los cinco continentes y al final de cada una de sus expediciones se encuentran ante el mismo fatal espejo. Su desdicha es de nacimiento, temprano, muy temprano, por esta o aquella circunstancia, se dieron cuenta de la verdadera significación de esa pequeña frase que todos, diariamente, repetimos sin pensar: *yo soy*. Los cristianos llaman a ese malestar «presencia del pecado original»; los modernos lo llaman angustia, conciencia de existir, neurosis, trauma. Los nombres van y vienen, la enfermedad permanece. Pero ¿es una enfermedad? ¿No es ella —esa ausencia, esa *falla*, en el sentido geológico— lo que nos constituye? Y no hay que quejarse demasiado de sus estragos: le debemos casi todas las grandes obras y los actos nobles que iluminan un poco la historia sombría de los hombres.

Uno de los tópicos del primer tercio del siglo fue «la cuestión social». La expresión designaba al problema de la desigualdad, viejo como la especie pero al que el simultáneo desarrollo de la democracia política y del capitalismo, con su escandalosa acumulación de riquezas, había dado una actualidad terrible. Barnabooth se examina, se encuentra riquísimo y encuentra injusta su riqueza. Él vale más que su dinero: es un hombre cabal y es un poeta. ¿Pero cómo probar su valía en un mundo en el que cuenta únicamente la fortuna o, como él dice cuando piensa en su querida y vil Anastasia, el «pognon»? Barnabooth confiesa que «odia al dinero». Y agrega: «Des autres sont fiers de leur argent... pas moi. J'en ai honte.» Su vergüenza no lo lleva a los pobres: lo encierra más en sí mismo. Ni la caridad ni la revolución: no es un santo ni un héroe, los dos tipos humanos que rompen consigo mismos y se escapan de la prisión del «yo soy». Aunque Campos no es rico, pertenece a los estratos superiores de la sociedad y, como Barnabooth, odia al dinero... sin amar a los pobres. Los dos se convierten, como tantos otros escritores y artistas modernos, en profesionales de la provocación. Otro rasgo que, más que a la de Whitman, los acerca a la tradición de Baudelaire.

Barnabooth y Campos se sienten irresistiblemente atraídos por este mundo y, un minuto después, asqueados. Buscan, detrás del espectáculo, lo que ellos llaman «lo absoluto». No lo encuentran. No encuentran nada ni a nadie, salvo a ellos mismos. No son Narciso: están fascinados por sus defectos, no por sus perfecciones. Se sienten atraídos por la falla, la hendedura del ser, esa pequeña herida que nunca cicatriza y por la que, fatalmente, un día nos despeñamos. Son ególatras, su ídolo es su ego. Extraña idolatría impregnada de odio, bilis y sarcasmos: su dios, el ego, es un dios aborrecible. Oscilan entre el embeleso ante sus personas y el desprecio, la bajeza y la sublimidad, el entusiasmo y la apatía, las rebeliones fútiles y las niñerías crueles. El mal los hechiza, más como idea que como acción real; sus crímenes son mentales y, cuando cometen alguna pequeña indignidad, se arrepienten largamente. Están enamorados no tanto del pecado como de la expiación. Su cilicio también es mental: el examen de conciencia. Pero no se demoran en el arrepentimiento: el demonio del cambio —el pecado cardinal de nosotros, los modernos— los lleva a moverse sin cesar de un lugar a otro, de un estado de ánimo a su contrario. En una hora, sin moverse de su sitio, conocen muchos horrores y muchas beatitudes. Todo lo que hacen y piensan es relativo; para ellos no hay condenación eterna y tampoco redención. El mundo es su limbo. Son libres y no saben qué hacer con su libertad; buscan «lo absoluto» y, perpetuamente distraídos, cada vez que lo vislumbran lo abandonan por alguna quimera vistosa.

Es difícil escoger entre Barnabooth y Campos. Figuras a un tiempo atractivas y patéticas, inspiran nuestra admiración y nuestra piedad. Su amor por la mistificación y sus desplantes se deben tal vez a su origen; los dos vienen de las afueras; uno de Portugal, un extremo de Europa, y el otro de un lugar perdido de América del Sur. Son ultracivilizados y, sin embargo, en sus miradas y sus ademanes destellan a veces ráfagas de indomable salvajismo. Esto no les impide ser dos comediantes que buscan no el aplauso sino la reprobación de los espectadores. Seres dobles o triples: se examinan, se juzgan, se condenan y, de pronto, con un guiño, se convierten en la parodia de sí mismos... Campos es más hondo y lúcido; Barnabooth es más simpático y más espontáneamente poeta: lleva dentro un adolescente que no acaba de aceptar la estupidez y la perversidad de los hombres. En su amargura no hay rictus y sus accesos de furia y desesperación están templados por la ironía. Es cortés, sabe sonreír y nunca grita golpeando la mesa como Campos. Aunque desprecia el lujo en que vive, presiente que no podría vivir sin él... y se resigna. Su riqueza es su lecho de Procusto.

En Campos es menos viva la conciencia moral. También él se ha rebelado contra el mundo pero no se siente responsable de las injusticias sociales. Su pesimismo es completo, radical. Habita sus negociaciones con una suerte de alegre exasperación. Su fortaleza intelectual es invulnerable sólo en apariencia: está hecha de razones que resisten a la filosofía del progreso, no a su nostalgia por el niño que fue y por el hombre que quiso y no pudo ser. Campos es otro sentimental. Aquí aparece una nueva diferencia: Barnabooth tiene pocos deseos, muchos caprichos y algunas ideas pero, al contrario de Campos, carece de ilusiones. Por esto, sus reveses sentimentales no lo derrotan enteramente: es más ligero y, así, más fuerte que el portugués. Ama al mundo porque ama la hermosura física. Ante ella no siente el recelo metafísico de Campos. Toda su desconfianza ante las traperas sonrisas de los hombres y de las mujeres —sobre todo de ellas— y todos sus rencores por las ofensas sufridas, unas reales y otras imaginarias, se desvanecen apenas ve unas rocas y un tropel de pinos que descienden dulcemente hacia una playa desierta. En la ensenada hay una barca; la nube es blanca, la vela roja. ¿Cómo se llama este lugar encantado? Barnabooth, maestro de exotismo, murmura transportado un nombre búlgaro o andaluz, dálmata o finés.

¿Qué importan los idiomas? Todos esos lugares tienen nombre de mujer.

Barnabooth adora a las mujeres. Su adoración no es ciega. Conoce por experiencia sus traiciones, la perfidia de sus caricias, su avidez, su sed de sangre fresca. Mientras cena con su querida, se le ocurre esta reflexión filosófica: «No hay muchas cosas que sean tan agradables como ésta de ver a una linda mujer muy escotada devorando un hermoso plato de viandas rojas.» Sabe que ciertas mujeres —las que a él le gustan— no sólo exigen plegarias sino víctimas. Por un rato, se presta al juego sangriento; después, se escapa y se venga. A la hermosa Anastasia, la griega de Constantinopla que lo hizo sufrir, que murió joven y que duerme embalsamada en su catafalco allá en la tumba familiar, en traje de baile y zapatillas de raso blanco con hebillas de oro, le dedica un agridulce poema que termina en esta punta: «T'avais du chic, tout de même!» Lo sanan de sus heridas los ungüentos de dos doncellas hermanas con nombres españoles, Socorro y Concepción. Las mujeres son un mundo y Barnabooth le dio la vuelta al mundo varias veces. ¿Huía de sí mismo, se buscaba a sí mismo? Al final, se retira. Ha comprendido que no es ni un *dandy* ni un libertino ni un santo. Es un sabio, un poeta loco que ha decidido callarse. Ya curado de espanto, del brazo de Concepción o de Socorro, contempla desde su balcón, bajo la noche estrellada, la llanura sin historia de su *no-where* natal: Campamento. Un nombre que es un guiño y un símbolo.

Álvaro de Campos nació en 1890. Siete años más joven que Barnabooth (1883) y nueve que Larbaud (1881), era un poco mayor que los surrealistas (Breton, 1896; Aragon, 1897; Eluard, 1895). Equidistante de los dos grandes momentos de la vanguardia, sus verdaderos contemporáneos son Eliot, Gómez de la Serna, Pessoa, Alfonso Reyes, Pasternark (este último era de su misma edad: nació en 1890). Como la de ellos, su poesía se detiene siempre al borde del delirio; como ellos, es inteligente. (Él me corregiría con un gesto impaciente: ¡*muy* inteligente, *merde*!) Sin embargo, echamos de menos en sus grandes tiradas la ironía de Barnabooth. En su conducta y en sus expresiones se mostró no pocas veces, y saludablemente, extravagante y fantástico (él, de nuevo impaciente, apuntaría: diga *ourrageus*, es más exacto, ¡caramba!) pero no tuvo nunca la elegante, insolente desenvoltura de Barnabooth. El placer aristocrático de desagradar, hecho de la mezcla en proporciones indefinibles de cortesía y de impertinencia, era uno de los secretos del «parvenu» sudamericano. La desesperación no es incompatible con las buenas maneras y hay que tener estilo incluso para morir. Mejor dicho: sobre todo para morir.

Las pasiones de Campos no fueron menos intensas y profundas que su extraordinaria inteligencia. Pasiones violentas y, más que pasiones, arranques, estallidos, desahogos de un alma grande, exasperada y hasta los bordes repleta de sí misma. Pasiones intelectuales y espirituales, no carnales. Campos ignora el cuerpo, la caricia, el abrazo, los besos, los oleajes y las descargas de las sensaciones. Ignora las miradas, los suspiros, las confidencias, la ternura. Ignora la vertiente erótica de la existencia. Lo contrario de Barnabooth. La historia sensual y la historia sentimental del poeta millonario son más interesantes que su historia intelectual. Primero fue un enamorado ingenuo, después un cínico libertino (otra ingenuidad) y, al final, descubre la ternura en las sílabas de un nombre castellano. Pero no tiene la dimensión metafísica de Campos, existencialista *avant la lettre*.

Las preocupaciones de Barnabooth, a despecho de sus bravatas, son más bien íntimas y aun domésticas. Su genio es el del moralista; Campos es un poeta más vasto y sus obsesiones y sus intuiciones son realmente filosóficas. Rectifico: la poesía de Campos, en sus momentos más altos, parece brotar de la conjunción del entusiasmo poético y la visión religiosa y filosófica. Barnabooth jamás hubiera podido escribir «Tabaquería», un poema cuyo asunto es la modernidad *desde dentro*, es decir, el canto del desposeimiento y la pérdida del alma. El hombre enterrado vivo en un cuarto minúsculo de un infinito edificio de apartamentos. El arrebatado Campos, el poeta entusiasta y colérico, nos dejó uno de los poemas más lúcidos y amargos de nuestro siglo.

REFUTACIÓN DE ALBERTO CAEIRO

> *Cette musique Je sais bien Mais les paroles Qui disaient au juste les paroles*
>
> LOUIS ARAGON

La historia de un hombre puede reducirse a la de sus encuentros. El primero, al nacer, es con un mundo extraño que no conocemos ni nos conoce. Desde ese primer día nuestra vida es una sucesión de encuentros, seguidos de despedidas hasta la despedida final. La realidad de este mundo —un budista diría: su irrealidad— se manifiesta a través del encuentro con los otros: los amigos y los enemigos; y con las otras y la otra: el amor, acaso Dios y, seguramente, la muerte. Y hay otro encuentro no con los otros sino con ese desconocido que tiene nuestro rostro: nosotros mismos.

No menos decisivos son los encuentros imaginarios. Un día nos encontramos frente a un cuadro de Vermeer y vemos —convertido en luz, aire y una mujer que escribe y mira por una ventana— al tiempo en persona. Otro día, guiados por Plotino, recorremos el camino que va de la heterogeneidad a la unidad; o,

34

al revés, una tarde participamos con Heráclito en la desgarradura de la unidad y la vemos pelear consigo misma: la unidad es dos, querella sin fin. Nos enamoramos pero, si no fuese por Stendhal, nuestro amor probablemente sería una pasión ciega y, si no fuese por Lope de Vega, un sentimiento mudo. Encontrarse con Baudelaire significa encontrarse con uno mismo; quiero decir, encontrarse caído en el pozo de la conciencia. Es la experiencia de la caída pero, asimismo, es la experiencia del ensimismamiento. Una experiencia satánica: es un gravitar hacia el fondo de uno mismo, ese fondo que es un sinfín... ¿Quién no ha sentido, solo o en compañía, ante el mar o en un valle, en un desierto o en un jardín, que es uno con el todo, hermano del felino y del pulpo, del insecto y la rana? ¿Quién no ha sentido, ante el espejo o en un teatro, en una plaza o en un aeropuerto, que es el expulsado del cosmos, el judío errante, el extraño o, como decían los gnósticos, el *alógeno*? Encuentros con una canción, un paisaje, un cuadro pero, sobre todo, encuentros con un libro y con un autor.

Entre mis encuentros imaginarios, el de Fernando Pessoa fue uno de los más profundos. Lo conocí tarde, en 1958, en París, cuando yo ya era un escritor formado o, si se quiere, deformado por cuarenta años de vida y muchos años de lecturas y tentativas poéticas. Leí sus poemas de manera distraída, después con sorpresa y al fin fascinado. Como suele ocurrir en esos casos, quise que los lectores de mi lengua compartiesen mi pasión y así, durante unos pocos meses de trabajo encarnizado, traduje medio centenar de poemas. En el prólogo del pequeño libro que publiqué en 1962 con esas traducciones, he relatado cómo, un día del otoño de 1958, la escritora surrealista Nora Mitrani me reveló la existencia del poeta portugués. A ella, como a todos, la había intrigado el «caso psicológico». Tenía razón. Sin embargo, a mi juicio el «caso literario» no es menos apasionante y misterioso. Pessoa no sólo inventó, como los novelistas y los dramaturgos, un grupo de personajes sino una generación literaria. Esa generación es la de la vanguardia europea de la primera guerra.

Caeiro, Campos y Reis no son personajes que son poetas sino poetas ficticios que son autores de obras verdaderas. Lo mismo hay que decir de Pessoa, que es su creador y su criatura, heterónimo de sí mismo. Inversión del proceso literario normal: en la realidad, primero está el autor y después la obra; en el caso de Pessoa, primero fueron las obras y después sus ficticios autores con sus nombres. Cada uno de los cuatro poetas tiene una voz distinta y cada uno representa una tendencia poética diferente. Como en la historia literaria real, sus biografías cuentan poco: cuentan sus ideas, sus visiones, sus emociones y cómo las vivieron y las expresaron. Pessoa es una ilustración viva del simbolismo agonizante y sus espejos; Campos de la vanguardia, con su fe en el futuro y sus sucesivas decepciones históricas; Reis del neoclasicismo, doble refugio —estoico y epicúreo— frente a las brumas del Narciso simbolista y las gesticulaciones del Prometeo vanguardista. ¿Y Caeiro?

Sabemos que Alberto Caeiro fue el primer heterónimo. Fue el maestro de Campos, de Reis y del mismo Pessoa. Vivió toda su vida en una finca de los alrededores de Lisboa, sin mujer, sin hijos y sin creador. Antes de la historia. Caeiro existe como existen las piedras, los árboles, los ríos, los insectos, no como existen los hombres: inmerso en un presente absoluto. Cada momento es una totalidad. Pero es una totalidad sobre la que no puede decir nada, excepto que es. El verbo *ser* es la única palabra que conoce Caeiro. Claro, en la realidad, es decir, en sus poemas, conoce y usa otras palabras. Pero ninguna de ellas tiene, por decirlo así, consistencia ontológica. En un poema afirma la identidad entre el ser y el parecer; las cosas no tienen misterio ni significación, son lo que son:

Las cosas no tienen sentido, tienen existencia.
Las cosas son el único sentido oculto de las cosas.

Pero las palabras que dice el poeta Caeiro para decir que las cosas no tienen sentido, no son cosas, ni piedras, ni perros, ni árboles: son palabras y, así, significan. Las palabras son misteriosas porque son dobles; son sonido y son sentido, son cosas que vemos y oímos y cosas que comprendemos. En otro poema Caeiro acepta que hay una diferencia entre ser planta y ser hombre, entre echar hojas y decir palabras, pero afirma que esa diferencia no es la que nosotros creemos:

> *Sí, yo escribo versos —y la piedra no los escribe.*
> *Sí, tengo ideas sobre el mundo —y la planta no*
>   *las tiene.*
> *Las piedras no son poetas, son piedras.*
> *Las plantas son plantas, no pensadores.*
> *¿Voy a decir por eso que soy superior a ellas?*
> *También podría decir lo contrario.*
> *Pero no digo esto ni aquello. Digo*
> *De la piedra: es una piedra. Digo*
> *De la planta: es una planta. Y digo*
> *De mí: soy. No digo más.*
> *¿Hay algo más que decir?*

¿Qué se puede responder a Caeiro? Sí, no hay nada más que decir, excepto que cuando se dice *yo soy* se está diciendo algo que, desde que el hombre es hombre, no acabamos de decir. El hombre no acaba de decir qué o quién es porque nunca acaba de ser enteramente. *Yo soy* es una afirmación temeraria y que muchos, de Pirrón a Nagarjuna y de Nagarjuna a Hume, encontrarían arrogante e infundada. El yo ¿es uno o es plural? Campos, Reis y Pessoa mismo desmienten a su maestro: no se puede decir *yo* sin tomarse ciertas libertades con el lenguaje. Para Nagarjuna el *yo* no es sino un sonido sin significado; no designa a una realidad sino a la vacuidad. Para Hume, el yo es una percepción instantánea y evanescente, una ilusión. Para otros, es una «construcción». Las mismas dificultades ofrece la palabra *soy*. Este monosílabo ha producido millones de discursos, miles de libros, cientos de filosofías, varias religiones, no sé cuántos mártires y una pregunta que se repite desde el comienzo de los tiempos: ¿Quién soy?... Caeiro es un mito, el mito del *Yo soy*. Este mito, al afirmar la unidad entre el ser y el mundo, postula la identidad entre ser y hablar. Por desgracia, no es así: hablamos porque somos seres divididos, escindidos. Entre el yo y el mundo hay un hueco, un abismo que debemos cruzar a través del puente de las palabras. El yo no es uno; el yo, si acaso tiene realidad, es plural. Cuando digo yo, digo tú, nosotros, ellos. Ése es el privilegio y la condenación del hombre. El drama de los discípulos de Caeiro (y el nuestro) consiste en que no tenemos más remedio que hablar y tener conciencia de que hablamos.

México, 1988

POEMAS MUDOS Y OBJETOS PARLANTES*

(ANDRÉ BRETON)

Hay dos imágenes de André Breton, opuestas y, no obstante, igualmente verdaderas. Una es la del hombre de la intransigencia y la negación, el rebelde indomable, «le forçat intraitable»; otra es la del hombre de la efusión y el abrazo, sensible a los secretos llamados de la simpatía, creyente en la acción colectiva y, aun más, en la inspiración como una facultad universal y común a todos. Su vida fue una serie de separaciones y rompimientos pero también de encuentros y fidelidades. El surrealismo fue un movimiento de violenta separación de la tradición central de Occidente; asimismo, una búsqueda de otros valores y otras civilizaciones. El mito de una edad de oro perdida, paraíso abierto a todos, ilumina algunas de las mejores páginas de Breton. A la imagen del surrealismo como ruptura —fortaleza, capilla en las catacumbas, trinchera combatiente— se superpone otra, sin negarla: la imagen de un puente o la de un sistema fluvial subterráneo. El surrealismo fue nocturno y una de las imágenes que lo representan, y lo iluminan, es la constelación: asamblea de luminarias en la noche. Unos pocos ejemplos bastan para mostrar que la palabra *comunión* tuvo en su vida una influencia no menos decisiva que la palabra *subversión*: no fue un solitario y sus dos grandes pasiones fueron el amor y

* Prólogo a *André Breton: Je vois, j'imagine, poèmes-objets*, Gallimard, 1991.

la amistad; fundió su vida personal con la del grupo surrealista hasta confundirlas casi enteramente; durante años y años intentó, por fortuna sin lograrlo, insertar al surrealismo en el movimiento comunista, primero con la Tercera Internacional y después con el trotskismo. Cierto, no es difícil oponer a estos ejemplos otros, no menos convincentes, de su individualismo, su amor por lo insólito y la transgresión, su culto a la revuelta y a la rebelión solitaria. El *motto* de la última exposición surrealista fue una frase de Fourier: «L'écart absolu.» Esta dualidad explica, sin duda, el carácter central que tuvo en su historia personal y pública la noción de *pasaje*. A veces ese pasaje fue salto mortal entre dos orillas, otras exploraciones en el subsuelo de la imaginación o de la historia, pero siempre fue comunicación e incluso alianza entre dos realidades opuestas o disímbolas. Su emblema fue la metáfora poética.

El poema-objeto es un caso privilegiado de *pasaje*. Alguna vez Breton lo definió como «une composition qui tend à combiner les ressources de la poésie et de la plastique en spéculant sur leur pouvoir d'exaltation réciproque». La mezcla de imágenes visuales y de signos gráficos es antigua y universal. En Oriente la escritura ha tenido siempre una dimensión plástica y muchos grandes poetas chinos y japoneses fueron también consumados calígrafos. Sin embargo, la verdadera afinidad del poema-objeto no debemos encontrarla en la caligrafía china, árabe o persa sino en los sistemas pictográficos y en las charadas. Por ejemplo, las inscripciones mayas, que usan y abusan de la combinación de signos gráficos y pictogramas, pueden verse como una inmensa charada histórico-astrológica grabada en la piedra pero también como un monumental poema-objeto. En los tres casos opera la regla: *ocultar para revelar*. Las diferencias no son menos notables que las semejanzas. El propósito de la charada es intrigar y divertir, mientras que en el poema-objeto el valor estético es central: no se propone entretener sino maravillar. Asimismo, a diferencia de las inscripciones mayas, su carácter no es histórico-ritual sino poético. El poema-objeto es una criatura anfibia que vive entre dos elementos: el signo y la imagen, el arte visual y el arte verbal. Un poema-objeto se contempla y, al mismo tiempo, se lee.

La Antigüedad grecorromana no ignoró las afinidades y correspondencias entre la poesía y la pintura. Aristóteles las destacó en su *Poética* y Horacio se sirvió de ellas: *Ut Pictura Poesis*. Estos antecedentes poco o nada tienen que ver con el poema-objeto de Breton; en cambio, su relación con los emblemas y empresas de los siglos XVI y XVII es íntima, aunque no ha sido explorada. Probablemente él no tuvo conciencia de estos parecidos; la invención del poema-objeto tuvo otras fuentes, como el «collage» y, sobre todo, su misma concepción poética y el lugar central que tiene en ella la imagen como puente entre dos realidades dispares. La semejanza con las empresas y emblemas del arte manierista y barroco es de otro orden: no es una influencia sino una correspondencia histórica —mejor dicho: una *consonancia*. Según Mario Praz, que ha dedicado un libro capital a este tema, el origen de las empresas es francés: las divisas y blasones de los caballeros de los ejércitos de Carlos VIII y de Luis XII que invadieron a Italia, impresionaron a los literatos y a los artistas de ese país, que los transformaron en un género poético-pictórico: la *impresa*.[1] Pronto Europa entera se cubrió de libros de empresas y de emblemas que combinaban el epigrama poético con la imagen plástica. El libro de emblemas de Andrea Alciato fue traducido a todas

1. Mario Praz, *Studi sul concettismo*, Florencia, 1946. Me he servido de la traducción española, *Imágenes del barroco (Estudio de emblemática)*, Madrid, 1989. Recoge el texto de la tercera edición inglesa, *Studies in Seventeenth Imaginery*, London, 1964, que reúne y amplía las anteriores ediciones italianas e inglesas.

las lenguas europeas. Robert Klein observa que la influencia de la filosofía neoplatónica y del hermetismo, con su fantasiosa interpretación de los jeroglíficos egipcios, no fue menos determinante que el ejemplo de las divisas caballerescas de los guerreros franceses.[2] Al principio, las empresas atrajeron a los poetas, a los artistas plásticos y a los eruditos pero en el siglo XVII el género, en manos de los jesuitas, se convirtió en un poderoso instrumento didáctico y filosófico. Fue el vehículo, dice Klein, de una «metafísica barroca».

Uno de los centros del movimiento, en su primera etapa, fue Lyon, puente entre la Italia renacentista y Francia. Entre los libros publicados en esa ciudad, el más importante fue el de Maurice Scève: *Delie, Objet de plus hauete vertu* (1544), un poema a un tiempo simbólico y erótico, compuesto por 449 décimas, más una inicial, «separadas en grupos de nueve por una empresa». Cada grabado es la traducción visual del lema; ambos, entrelazados, forman una criatura enigmática hecha de líneas y letras que, simultáneamente, oculta y declara el tema de las nueve décimas siguientes. Numerología, filosofía hermética y erotismo petrarquista. En España las empresas y los emblemas fueron muy populares e incluso hubo libros de emblemas dedicados a la filosofía política. El género encontró en Baltasar Gracián a su exégeta más lúcido. Su definición del concepto, que abarca también a la empresa y al emblema, como un «acto del entendimiento que expresa una correspondencia entre dos objetos», anticipa a la que haría Pierre Reverdy de la imagen poética, más de dos siglos después. Como es sabido, esta última influyó a su vez en las concepciones de André Breton.

Desde el principio, los tratadistas tuvieron clara conciencia de la posición peculiar de las empresas y

2. Robert Klein, *La forme et l'intelligible (Pensée et symbole à la Renaissance)*, Gallimard, 1970.

los emblemas: por una parte, frases y breves poemas descendientes de los epigramas de la Antología Griega y de las divisas caballerescas; por otra, figuras e imágenes análogas, en cierto modo, a los pictogramas. A diferencia de los últimos, en la empresa y en los emblemas, como en el poema-objeto, lo decisivo es la invención personal. La subjetividad no sólo traza un pasaje entre lo visto y lo pensado, la imagen y la escritura, sino que al unirlos crea un ente nuevo, un verdadero monstruo, en el sentido que se daba en el siglo XVII a esta palabra: algo que rompe el orden natural y que nos maravilla o fascina. Los poetas barrocos hablan con frecuencia de bellos monstruos. El poema-objeto surrealista y las empresas y emblemas del Renacimiento y el Barroco son dos momentos del diálogo entre la poesía y la pintura. Muchos poetas han sentido y expresado ese diálogo —no necesito recordar a Baudelaire— pero la forma en que Lope de Vega lo expresa me parece inmejorable:

> Marino, gran pintor de los oídos,
> y Rubens, gran poeta de los ojos...

Diálogo cíclico y en el que el emblema y el poema-objeto son dos notas extremas de los manierismos que sucesivamente ha conocido nuestra civilización: Alejandría, el gótico, la edad barroca y el arte de nuestro siglo. Para uno de los primeros tratadistas, Andrea Chiacco, las figuras y las palabras de los *imprese* eran «representaciones metafóricas del concepto interior».[3] Definición afortunada y que, al subrayar la función cardinal de la subjetividad, nos acerca a la noción de «modelo interior» de Breton. Otro tratadista, Scipione Ammariato, va más lejos y más hondo: la empresa es «un node di parole e di cose... une

---

3. Robert Klein, obra citada.

43

mistura mistica de pitture e parole...». La imbricación de la idea en lo sensible fue una de las respuestas con que intentó la edad barroca responder al antiguo problema de las relaciones entre la mente y el cuerpo. Es un enigma que ha desvelado a todos los espíritus desde que los hombres comenzaron a pensar. Las empresas y emblemas van de la concisión de la divisa caballeresca a los artificios de la teología de los jesuitas; en esa larga travesía hay momentos excepcionales en los que la idea encarna en la imagen y otros en los que la imagen, que es siempre particular, participa de la universalidad de la idea. Esos momentos de fusión son momentos de poesía, los mismos que André Breton buscó y a veces alcanzó en sus poemas-objeto.

Algunos tratadistas, como el Padre Le Moine, percibieron la economía de la composición de las empresas y emblemas; asimismo, no fueron insensibles ante su sintética expresividad. Decir lo más con el mínimo de medios y de tiempo: «C'est une poèsie, mais une poèsie qui ne chante point, qui n'est composée que d'une figure muette et d'un mot qui parle pour elle à la veue. La merveille est que cette poèsie sans musique fait en un moment, avec cette figure et ce mot, ce que l'autre poèsie ne sçaurait faire qu'avec un long temps et de grands préparatifs d'harmonie, de fictions et de machines.»[4] La gran ambición de la poesía moderna, lo mismo en Apollinaire y Reverdy que en Eliot y en Pound, fue la de lograr con el lenguaje, que es temporal y sucesivo, una presentación simultánea. Su modelo fue la pintura, arte espacial; singularmente la pintura cubista, que presenta de golpe distintas realidades o distintos aspectos del mismo objeto. No lo consiguieron enteramente, aunque debemos al «simultaneísmo» algunos de los grandes poemas de este siglo, como *Zone* y *The Waste*

4. Citado por Mario Praz.

Land. El emblema y el poema-objeto sí consiguen la simultaneidad. Esto es lo que, con razón, maravillaba a Le Moine y lo llevaba a decir que la «poesía muda» de los emblemas era más elocuente que la meramente dicha, cantada o escrita. Sin embargo, tanto el emblema como el poema-objeto consiguen la simultaneidad a costa de un gran sacrificio: suprimen el desarrollo. Ahora bien, el desarrollo es el cuerpo del poema. Los poderes de fascinación del emblema y del poema-objeto residen en su carácter sintético y en la presentación simultánea de la imagen y la palabra. Pero en esta propiedad consiste también su obvia limitación: son cabezas parlantes sin tronco, extrañas flores sin tallo, instantes sin antes.

El poema-objeto está animado por un doble impulso contradictorio: los signos gráficos tienden a convertirse en imágenes y las imágenes en signos. Otras formas poéticas comparten esta dialéctica interna. La *Antología Palatina* contiene poemas de Teócrito, Simias de Rodas y otros poetas cuyas letras figuran una siringa, un hacha, un altar, las alas de Eros. Con esos epigramas-figuras comienza una larga tradición que llega hasta nuestros días con los caligramas de Apollinaire y sus seguidores. En estos ejemplos, los signos se convierten en servidores de la imagen visual: las letras forman figuras. En otros casos, los signos conservan su independencia; el poeta busca cierta correspondencia entre el ritmo verbal y la disposición de los signos escritos sobre la página, pero sin acudir a la representación de un objeto. Los ejemplos más notables son la composición tipográfica de *Un coup de dés* y algunos «poemas concretos». Por último, tanto en el emblema como en el poema-objeto de Breton, el signo domina a la imagen. Triunfo de la palabra: el objeto representado se vuelve, en cierto modo, una *rima* del texto. Así, el poema-objeto y los emblemas son el polo opuesto de los epigramas-figuras de la *Antología Palatina* y de los caligramas de Apollinaire. El caligrama aspira a fundir la letra en la imagen y transforma el acto de leer en el acto de mirar; el emblema y el poema-objeto se ofrecen a la vista como enigmas visuales: descifrarlos exige *leerlos*, es decir, convertir la imagen en signo.

Las imágenes de los emblemas forman parte de un repertorio de símbolos y así constituyen un vocabulario. Cada imagen corresponde a un arquetipo y cada arquetipo designa, con un nombre, a un objeto o a una serie de objetos. El emblema reposa en un universo de signos. Más exactamente: el autor de un emblema ve al universo como un libro. Esta visión viene de la Edad Media y su expresión más pura y alta está en el canto final del *Paradiso*:

> *Nel suo profundo vidi che s'interna,*
> *legato con amore in un volume,*
> *ció che per l'universo si squaderma...*[5]

Al comenzar la edad moderna los signos se volvieron más y más ilegibles. Muchos se borraron, aunque hubo vanas tentativas de restauración. El emblema barroco es la expresión de una de esas tentativas. En fin, si el universo es un libro, nosotros ya no podemos leerlo: hemos perdido la clave. Para Dante el código de los signos eran las Sagradas Escrituras; para Galileo, más tarde, el universo está escrito en signos matemáticos pero el código de esos signos no existe como algo dado: los hombres tienen que descubrirlo y elaborarlo con infinita paciencia.

La historia de la poesía moderna, desde el romanticismo, es la historia de las respuestas que los poetas han dado a la ausencia de un código universal y

---

5.   En la notable traducción de Jacqueline Risset:

> *Dans sa profondeur je vis que se recuille,*
> *lié avec amour en un volume,*
> *ce qui dans l'univers se dissémine...*

eterno. Como otros poetas de la modernidad, André Breton buscó no la imposible reconstrucción de un imposible código sino los vestigios aun vivos de la ciencia suprema: la analogía universal. Los buscó en las tradiciones perdidas y en la sabiduría de los salvajes, en las palabras enterradas de los heterodoxos y los réprobos —los buscó, sobre todo, en su mundo interior, en las pasiones, emociones e imágenes que engendra el deseo, una potencia no menos universal que la razón. En el tumulto de la historia contemporánea, trato de oír, en momentos excepcionales, las palabras *confusas* que emite el bosque de los símbolos. Con esas palabras inciertas y de dudosa significación, nosotros los modernos hemos compuesto nuestros cantos. Los poemas-objeto de André Breton están hechos con los mismos materiales de sus otros poemas: provincias de niebla pobladas de altos obeliscos tatuados por el rayo. También de la materia de cada día: una invitación a un *vernissage* o un listón que ata unos rizos de mujer. Lenguaje de la calle y lenguaje del sueño.

En los emblemas barrocos, las figuras y las imágenes se transforman con naturalidad en lenguaje. En el poema-objeto de Breton no opera esta concordancia racional y metafísica; su sintaxis es otra y está hecha de choques, disyunciones, lagunas y saltos sobre el vacío. Pero lo que se pierde en inteligibilidad se gana en poder de sorpresa y de invención. A veces el choque entre la imagen y el texto escrito se resuelve en opacidad; otras en fuego de artificio; otras en breve llamarada. En el poema-objeto la poesía no opera únicamente como puente sino también como explosivo. Arrancados de su contexto, los objetos se desvían de sus usos y de su significación. Oscilan entre lo que son y lo que significaron. No son ya objetos y tampoco son enteramente signos. Entonces, ¿qué son? Son cosas mudas que hablan. Verlas es oírlas. ¿Qué dicen? Dicen adivinanzas, enigmas. De pronto esos enigmas se entreabren y dejan escapar, como la crisálida a la mariposa, revelaciones instantáneas.

México, a 24 de julio de 1990

DECIR SIN DECIR: ALTAZOR

(VICENTE HUIDOBRO)

En *Lectura y contemplación*, un ensayo publicado en los números 63 y 66 de *Vuelta*, recogido después en *Sombras de obras* (1983), me ocupo con cierta extensión de ese trance, conocido en todas las civilizaciones, durante el cual aquel o aquellos que lo experimentan prorrumpen en expresiones ininteligibles en lenguas desconocidas o imaginarias. Nuestra tradición religiosa llamó a ese fenómeno «hablar en lenguas» y lo consideró como un carisma; la psicología moderna lo clasifica como una alteración psíquica y lo designa con un nombre poco atractivo: glosolalia. Pero el fenómeno también es una experiencia poética. En la poesía moderna aparece, con una violencia que recuerda al «furor sagrado» de los antiguos, lo mismo en San Petersburgo y Moscú, entre los futuristas rusos, en 1913, que en Zurich, en 1917, entre los dadaístas. En mi ensayo hablo de las manifestaciones poéticas modernas de la glosolalia y cito de paso a Vicente Huidobro y a su poema *Altazor*. Al releer esas páginas, decidí agregar algo más sobre ese poema.

Vicente Huidobro es el iniciador de la poesía moderna en nuestra lengua. Hacia 1917, concibió una doctrina estética que llamó «creacionismo». Nunca tuvo una formulación definitiva. No podía tenerla: Huidobro era brillante pero incapaz de desarrollar una idea, llevarla hasta sus últimas consecuencias, examinarla con rigor y, en fin, convertirla en una verdadera teoría. Su mente era fértil y precisa; además, tuvo buena puntería y disparaba sin cesar ocurrencias y paradojas. Muchas daban en el blanco y otras, después de un brillo momentáneo, se disipaban en humo. El «creacionismo» asignaba a la poesía moderna una misión distinta a la tradicional de representar o expresar a la realidad; de ahora en adelante, decía Huidobro, la poesía será inventora de realidades. El poeta debe utilizar las fuerzas de la naturaleza; más exactamente, debe imitarla en sus procedimientos y, como ella, convertirse en un *productor* de objetos inéditos. La naturaleza produce lluvia, árboles, volcanes, leones, hormigas, estrellas; el poeta tiene que producir objetos nunca vistos: poemas. Uno de los primeros libros de Huidobro, escrito en francés, se llama *Horizon carré*. Un horizonte cuadrado, decía Huidobro, es «un hecho nuevo, inventado, creado por mí. Antes no existía». Pero no decía —¿se daba cuenta?— que se trataba de un hecho imaginario: en la realidad no hay ni puede haber horizontes cuadrados. Incluso puede agregarse que no los hay, tampoco, en el reino de la imaginación: un horizonte cuadrado, más que una realidad imaginaria, es una realidad meramente verbal. No la podemos *ver* con los ojos ni *pensarla* con la mente; en cambio, podemos *decirla*. La estética «creacionista» no fue tanto un error como una deducción precipitada de algunas de las ideas del cubismo. Con otros nombres fue compartida por varios poetas y artistas notables de ese tiempo, como Juan Gris, Pierre Reverdy y, un poco después, William Carlos Williams y E. E. Cummings.

En 1931 Huidobro publica *Altazor*, un extenso poema en siete cantos. *Altazor* no es una negación del «creacionismo»; tampoco es una reiteración: es una trasmutación radical. Huidobro lo consideraba, con razón, como su obra central. Su gestación fue larga;

el pasaje más antiguo fue escrito, según parece, en 1919. La elaboración debe de haber sido discontinua y, por decirlo así, espasmódica: períodos de intensa creación seguidos por otros de olvido y desinterés. Premeditación e improvisación, concentración y dispersión. De ahí las desigualdades: *Altazor* es, a un tiempo, intenso y deshilvanado, elíptico y digresivo. Sobran muchas cosas porque el poeta se engolosina con sus hallazgos; de pronto, verdaderos cohetes, brotan surtidores verbales de concentrada belleza. No pocas veces esos disparos se disipan o se transforman en pueriles cabriolas, como si el poeta quisiese saltar sobre un territorio minado; pero otras, milagrosamente, el salto se vuelve danza sobre el abismo.

Montaña rusa, *looping the loop* poético, las subidas y bajadas de *Altazor* se deben sobre todo al temperamento de Huidobro. Los cambios de tono y la pluralidad de modos expresan, asimismo, su extraordinaria sensibilidad frente al tiempo y sus variaciones. Su gran virtud y su gran limitación fue la de ser un verdadero barómetro estético. Es un rasgo que comparte con muchos artistas del siglo xx y, entre ellos, con el más grande de todos: Picasso. Del patetismo del canto primero, pletórico de imprecaciones y declaraciones, a la entrecortada glosolalia del canto séptimo, el poema es un cuerpo tatuado por los distintos cambios que experimentó la vanguardia, especialmente la francesa, entre 1920 y 1930. Esos cambios fueron vertiginosos y marcaron a Huidobro, temperamento ávido de riesgos y amante del vértigo. En suma: discontinuidad, intensidad, digresiones, diversidad de modos, pesimismo trágico, soberbia, puerilidad y, a pesar de todo esto, mejor dicho: *sobre todo esto*, sorprendente unidad. Sí, un texto central de nuestra poesía moderna.

Altazor es un poema de aliento épico, a la manera de los grandes poemas románticos. La estirpe romántica del poema lo distingue de la verdadera épica: el centro del poema, su tema, no son los hechos del héroe sino los cambios de su conciencia. Hay otra diferencia, ahora con los poemas románticos: Wordsworth canta los cambios de su visión poética y su lenta reconquista de la mirada primordial; el tema de *Altazor* es parecido, sólo que esos cambios no son psicológicos ni espirituales sino verbales. El universo se ha vuelto palabra y Altazor lucha con las palabras. La historia de Altazor —doble mítico de Huidobro: alto azor— es la de un viaje por los espacios celestes. El corcel sobre lo que asciende a las alturas, su pegaso, es un paracaídas. Ésta es la primera paradoja del poema y en ella están encerradas todas las otras. «La vida», dice Huidobro en el prefacio de *Altazor*, «es un viaje en paracaídas». Y unas líneas más adelante agrega: «Mago, he ahí tu paracaídas que una palabra tuya puede convertir en un parasubidas maravilloso como el relámpago que quisiera cegar al creador.»

Huidobro concibe al hombre como perpetua caída, continuo despeñarse; no obstante, hay un momento en que el poeta —transformado en mago, es decir, en poeta creacionista— puede convertir su caída en subida. Ese momento se llama, en la historia del espíritu, Altazor. A pesar de esta explícita afirmación, muchos críticos han visto en el poema el relato de una caída; otros, aunque aceptan el movimiento ascensional del poema, piensan que termina en un inmenso fracaso: Altazor se despeña repitiendo un puñado de sílabas sin sentido. No creo que estas interpretaciones sean fieles a las intenciones y propósitos de Huidobro. Tampoco al sentido general del poema. Para demostrarlo debo hacer un rápido repaso del poema.

Altazor comienza, en efecto, con el relato de una caída. Esa caída, punto de partida de la poética de Huidobro y tal vez de su filosofía vital, es triple: la caída del individuo Vicente Huidobro, (y su doble:

Altazor), la de los hombres en una época histórica (la primera postguerra mundial) y la del género humano, desde el origen de nuestra especie. El canto tiene momentos de dramatismo intenso y también otros divagatorios y enfáticos. Este primer canto es una suerte de traducción a la estética «creacionista» de las subidas y bajadas, efusiones y blasfemias de los románticos. Al final, como antes en el prefacio, hay un brusco viraje y el poeta dice: «Si buscáis descubrimientos... volvamos al silencio.» Regreso a los orígenes: el silencio que invoca y convoca Huidobro es el del comienzo, antes del lenguaje. Hay que volver «al silencio de las palabras que vienen del silencio». Esa región no está aquí ni allá sino en un antes absoluto; en ese comienzo del comienzo que es el silencio, nacen palabras que son árboles que son estrellas que son pájaros. O sea: palabras que no son nombres de cosas sino cosas, objetos vivos. El tono es solemne y sin énfasis. Es uno de los momentos más tensos y, poéticamente, más felices del poema.

> Silencio
>   La tierra va a dar a luz un árbol...
> Silencio
>   Se oye el pulso del mundo como nunca pálido
>   La tierra acaba de alumbrar un árbol

Así termina el canto primero. Reiteración del creacionismo. El canto segundo es una invocación a la mujer, sin la cual la creación poética es imposible. No es clara la función de este canto dentro de la economía general del poema. Es un artificio retórico que interrumpe la acción. La aventura de Altazor es solitaria y la mujer no vuelve a aparecer. Si Huidobro hubiese tenido a su lado un amigo como el que tuvo Eliot en Pound, ese amigo le habría aconsejado suprimir ese canto (y otros muchos pasajes), como hizo Pound con *The waste land*. El canto tercero es el principio de la acción. Es un canto combativo, polémico. Tal vez no sea innecesario recordar que el poema no relata el viaje de Altazor por los cielos de la astronomía sino por los del lenguaje. Sus aventuras son un continuo cuerpo a cuerpo con las palabras, a veces abrazo y otras pelea. Fidelidad al modelo heroico, guerra y amor, pero traspuesto al mundo del lenguaje: las criaturas con las que combate Altazor no son humanas: son vocablos. No chorrean sangre sino, en mezcla indescriptible, sonidos y sentidos.

El canto tercero es el de la lucha en contra de la poesía tradicional, «la poesía poética», hecha de trampas. Altazor vence y se lanza al espacio, al pleno cielo del cuarto canto. Allá empieza un juego más peligroso: fusiones de sílabas y confusiones de significados, colisiones, elisiones y alusiones. Digresiones, aciertos, idas y venidas de un poeta que no distingue entre sus creaciones auténticas y sus autoimitaciones. Facilidades y también repentinas felicidades, como el prodigioso pasaje de la golondrina que cambia sin cesar de forma y de especie, (golondrina, golonrisa, golongira, golonniña), sin dejar nunca de ser la golondrina real. Muerte y transfiguración de las palabras y del héroe Altazor-Vicente:

> *Aquí yace Altazor, fulminado por la altura.*
> *Aquí yace Vicente antipoeta y mago.*

No hay que llorar demasiado el sacrificio de Altazor. Su muerte es metafórica y se resuelve en una insólita resurrección: «el pájaro tralalí». Este pájaro no es otro que el espíritu transfigurado de Altazor. ¿En dónde canta? «En la rama de mi cerebro», responde Altazor. Canta porque «encontró la clave del eternifrete...» que es la del «unipacio y el espaverso». El canto cuarto es el de la metamorfosis y Altazor ya puede lanzarse a otra y más difícil aventura. Comienzo del canto quinto, «el campo inexplorado». Ahora se juega y combate en pleno espacio, aunque fuera del tiempo. Altazor no aclara cómo puede girar en el espacio sin ser tocado por el tiempo. En el centro del «unipacio» gira el molino de viento, trasposición poco afortunada de la cruz. Giran las aspas del molino cósmico: gran molienda de palabras y constelaciones, signos y planetas. Nuevas digresiones y regresiones, ahora más largas y obvias. Altazor asegura que el molino de las constelaciones *profetiza* en sus giros; sin embargo, apenas lo oímos, nos damos cuenta de que no dice nada nuevo. Juega con las palabras y las palabras juegan con Altazor, convertido en palabra que bota y rebota en los espacios. El «campo inexplorado» es un país de prodigios y maravillas *bon marché*. No obstante, como para refutar nuestro escepticismo, entre el tumulto de las repeticiones y las reiteraciones brota una línea fatal y que realmente viene del silencio: «oigo la risa de los muertos debajo de la tierra». Fin del quinto canto: el poeta Huidobro desmiente al creacionista Huidobro.

A lo largo de los cantos tercero, cuarto y quinto hemos visto a Altazor someter al lenguaje a una serie de operaciones violentas y eróticas: mutilaciones, divisiones, cópulas, yuxtaposiciones. También hemos asistido a la muerte de Altazor y a su transfiguración en el pájaro tralalí. En el canto sexto el poeta —mejor dicho: el pájaro tralalí— juega con palabras todavía cargadas de significación y las acopla con frenesí. En el último canto, el séptimo, el pájaro profiere voces más simples; no espacio, eternidad ni infinito o universo sino monte, luna y estrella: *monlutrella*. El pájaro tralalí canta embelesado y *monlutrella* se disipa en vocales y líquidas consonantes. ¿Qué canta, qué dice el pájaro? Unas cuantas sílabas ya desprovistas de significación. El largo discurso de Altazor se resuelve en una serie de bloques silábicos a un tiempo cristalinos e impenetrables. La crítica ha visto en esta *insignificación* una prueba del fracaso de

Altazor y de la *insignificancia* final del poema. Creo lo contrario: el fracaso de Altazor —si puede hablarse de fracaso— es otro: no es poético sino espiritual. Y no es un fracaso insignificante sino prometeico: hablamos porque no somos dioses. Y cuando queremos hablar como dioses, perdemos el habla.

La figura de Altazor tiene una indudable relación con las de Faetón e Ícaro. Los dos héroes son prototipos de aquellos que pretenden escalar los cielos y son castigados por su osadía. Sin embargo, hay diferencias entre ambos: Faetón es hijo de Apolo y quiere guiar los caballos del sol, como su padre; Ícaro intenta escapar del laberinto de Creta, donde está encerrado con su padre, el astuto Dédalo. Es claro que Altazor se parece más a Faetón que a Ícaro. Pues bien, mientras Faetón cae fulminado por el rayo de Zeus, Altazor no cae: desaparece en las alturas, convertido en espacio y universo. Se ha vuelto unas cuantas sílabas que ya no significan sino que *son*. El ser ha devorado al significado. Para Huidobro la operación poética consiste en la fusión entre el significado y el ser. Extraña confusión: el lenguaje regresa al ser pero deja de ser lenguaje. Operación de divinización consecuente con el programa «creacionista»: el poeta crea como la naturaleza y como Dios. El parecido entre Altazor y Faetón se acentúa si se repara en que ambos intentan escalar el cielo porque los dos quieren ser dioses. Faetón se empeña en conducir los caballos de Apolo y Altazor en confundir habla y creación. Fracasos semejantes, aunque con una enorme diferencia: Faetón se ve caer y Altazor no tiene conciencia de su caída. El castigo de Huidobro es no haber sabido que las sílabas que canta Altazor en el canto séptimo son, literalmente, insensatas.

Los hombres hablamos palabras que designan esto o aquello; no decimos cosas sino nombres de cosas. Por esto las palabras tienen sentido, dirección: son puentes entre nosotros y las cosas y seres del mundo.

Cada palabra apunta hacia un objeto o una realidad fuera de ella. El lenguaje nos relaciona con el mundo, sus cosas y sus entes. Los dioses, en cambio, según nos lo cuentan las cosmogonías, hablan estrellas, ríos, montes, caballos, insectos, dragones. Para ellos hablar es crear. Su habla es productiva. En nuestros días la crítica marxista —o, más bien, pseudomarxista— atribuye a la actividad literaria una cualidad que, en rigor, sólo es aplicable a las lenguas divinas: la productividad. Los dioses, al hablar, producen; los hombres, al hablar, relacionan. La «producción» de Huidobro, como la de todos los escritores, consiste en combinar signos lingüísticos que forman un discurso. Lo que distingue a la tentativa de Huidobro es que, al final de su viaje, Altazor emite no un discurso sino unas cuantas sílabas danzantes. La crítica ha concluido dictaminando: su aventura termina en la abolición del significado y, por lo tanto, del lenguaje: una derrota. Sin embargo, para el poeta chileno cada una de las palabras o pseudopalabras que dice Altazor (o el pájaro tralalí) es un objeto vivo y que, por serlo, ha dejado de significar. El lenguaje del canto final de *Altazor* ha alcanzado la dignidad suprema: la del pleno ser.

La superioridad del ser sobre el sentido es, desde Platón, radical: el sentido depende del ser. Para Huidobro la aventura de Altazor, que es la suya, termina en triunfo. Aquí es donde conviene matizar. Huidobro se equivoca, las sílabas sueltas con que termina su poema, aunque han dejado de ser propiamente signos, no son objetos vivos. Y más: no son, están a medio camino entre el sentido y el ser. Han dejado de ser palabras y aspiran al pleno ser sin lograrlo: son ilusiones y alusiones a aquella realidad que está más allá del sentido y que es indecible. En suma, podemos criticar a Huidobro y reírnos de su soberbia credulidad: ¡un pequeño dios que nada crea sino un puñado de sílabas! Pero no podemos hacer lo que han hecho

los críticos: cambiar el sentido (la dirección) del vuelo de Altazor y ver una derrota en lo que, para su
autor, fue una victoria. El viaje por el *unipacio* y el
espaverso de Huidobro es la historia de la ascensión
del sentido al ser. Al final el pájaro tralalí emite unas
sílabas; no es una música sino un lenguaje más allá
de sentido y sin sentido:

> *Lalalí*
> > *lo ía*
> *Iii o*
> *Ai a i ai ui a ía*

El procedimiento favorito de Huidobro en los últimos cantos de *Altazor* no es otro que el de Lewis
Carroll. En realidad, el método es tan antiguo como
el lenguaje y ha sido inventado muchas veces, de una
manera independiente y en distintas lenguas y épocas. Sin embargo, hay una diferencia esencial entre
Huidobro y el poeta inglés. Lewis Carroll se propuso
aumentar hasta el máximo la pluralidad de significados de la palabra (*portmanteau word*: palabra-baúl
en la que caben varias palabras). La comprensión de
las palabras, en Carroll, está en relación directa con
el número y la complejidad de los significados que
encierra cada vocablo. El resultado fue una mayor
riqueza de sentidos, no una anulación del significado.
James Joyce extremó el método y comprimió las palabras (diez o quince en una) para multiplicar los
sentidos. Al mundo de las palabras opuso la palabra-
mundos. La tentativa de Huidobro se despliega en la
dirección precisamente contraria; en los primeros
cantos comprime los sonidos para yuxtaponer los sentidos, pero en los últimos el traslenguaje del poeta
tiende a convertirse en un idioma hecho de vocales y
una que otra consonante, como la ele. Cada forma
verbal ha dejado de significar. No acumulación de

sentidos: progresivo ocaso de las significaciones. Los últimos versos de *Altazor* no dicen, rigurosamente, nada. Recuerdan a las invocaciones de los gnósticos que tanto irritaban a Plotino. La nada es la otra cara del ser.

México, 1985

EL ARQUERO, LA FLECHA Y EL BLANCO

(JORGE LUIS BORGES)

Empecé a leer a Borges en mi juventud, cuando todavía no era un autor de fama internacional. En esos años su nombre era una contraseña entre iniciados y la lectura de sus obras el culto secreto de unos cuantos adeptos. En México, hacia 1940, los adeptos éramos un grupo de jóvenes y uno que otro mayor reticente: José Luis Martínez, Alí Chumacero, Xavier Villaurrutia y algunos más. Era un escritor para escritores. Lo seguíamos a través de las revistas de aquella época. En números sucesivos de *Sur* yo leí la serie de cuentos admirables que después, en 1941, formarían su primer libro de ficciones: *El jardín de los senderos que se bifurcan.* Todavía guardo la vieja edición de pasta azul, letras blancas y, en tinta más oscura, la flecha indicando un sur más metafísico que geográfico. Desde esos días no cesé de leerlo y conversar silenciosamente con él. A diferencia de lo que ocurrió después, cuando la publicidad lo convirtió en uno de sus dioses-víctimas, el hombre desapareció detrás de su obra. A veces, incluso, se me antojaba que Borges también era una ficción.

El primero que me habló de la persona real, con asombro y afecto, fue Alfonso Reyes. Lo estimaba mucho pero ¿lo admiraba? Sus gustos eran muy distintos. Estaban unidos por uno de esos equívocos usuales entre gente del mismo oficio: para Borges, el escritor mexicano era el maestro de la prosa; para

Reyes, el argentino era un espíritu curioso, una feliz excentricidad. Más tarde, en París, en 1947, mis primeros amigos argentinos —José Bianco, Silvina Ocampo y Adolfo Bioy Casares— eran también muy amigos de Borges. Tanto me hablaron de él que, sin haberlo visto nunca, llegué a conocerlo como si fuese mi amigo. Nuevo equívoco: yo era su amigo pero para él mi nombre sólo evocaba, borrosamente, a un alguien que era un amigo de sus amigos. Muchos años después, al fin, lo conocí en persona. Fue en Austin, en 1971. Cortesía y reserva: él no sabía qué pensar de mí y yo no acababa de perdonarle aquel poema en que exalta, como Whitman pero con menos razón que el poeta norteamericano, a los defensores de El Álamo. A mí la pasión patriótica no me dejaba ver el arrojo heroico de aquellos hombres; él no percibía que el sitio de El Álamo había sido un episodio de una guerra injusta. Borges no acertó siempre a distinguir el verdadero heroísmo de la mera valentía. No es lo mismo ser un cuchillero de Balvanera que ser Aquiles: los dos son figuras de leyenda pero el primero es un caso mientras que el segundo es un ejemplo.

Nuestros otros encuentros, en México y en Buenos Aires, fueron más afortunados. Varias veces pudimos hablar con un poco de desahogo y Borges descubrió que algunos de sus poetas favoritos también lo eran míos. Celebraba esas coincidencias recitando trozos de este o aquel poeta y la charla, por un instante, se transformaba en una suerte de comunión. Una noche, en México, mi mujer y yo lo ayudamos a escabullirse del asalto de unas admiradoras indiscretas; entonces, en un rincón, entre el ruido y las risas de la fiesta, le recitó a Marie José unos versos de Toulet:

Toute allégresse a son défaut
Et se brise elle-même.

Si vous voulez que je vous aime,
Ne riez pas trop haut.

C'est a voix basse qu'on enchante
Sous la cendre d'hiver
Ce coeur, pareil au feu couvert,
Qui se consume et chante.

En Buenos Aires conversamos y paseamos sin ago-
bio y gozando del tiempo. Él y María Kodama nos
llevaron al viejo Parque Lezama; quería mostrarnos,
no sé por qué, la Iglesia Ortodoxa pero estaba cerrada; nos contentamos con recorrer los senderillos húmedos bajo árboles de tronco eminente y follajes can-
tantes. Al final, nos detuvimos ante el monumento de
la Loba Romana y Borges palpó con manos conmovi-
das la cabeza de Remo. Terminamos el paseo en el
Café Tortoni, famoso por sus espejos, sus doradas
molduras, sus grandes tazas de chocolate y sus fantasmas literarios. Borges nos habló del Buenos Aires
de su juventud, esa ciudad de «patios cóncavos como
cántaros» que aparece en sus primeros poemas; ciudad inventada y, no obstante, dueña de una realidad
más perdurable que la de las piedras; la de la palabra.
Esa tarde me sorprendió su desánimo ante la situación de su país. Aunque se regocijaba del regreso
de Argentina a la democracia, se sentía más y más
ajeno a lo que pasaba. Es duro ser escritor en nuestras ásperas tierras (tal vez lo sea en todas), sobre
todo si se ha alcanzado la celebridad y se está asedia-
do por las dos hermanas enemigas, la envidia espino-
sa y la admiración beata, ambas miopes. Además,
quizá Borges ya no conocía la ciudad y el mundo que
lo rodeaba: estaba en otro tiempo. Comprendí su de-
sazón: yo también, cuando recorro las calles de México, me froto los ojos con extrañeza: ¿en esto hemos
convertido a nuestra ciudad? Borges nos confió su
decisión de «irse a morir en otra parte, tal vez al

Japón». No era budista pero la idea de la nada, tal
como aparece en la literatura de esa religión, lo sedu-
cía. He dicho idea porque la nada no puede ser sino
una sensación o una idea. Si es una sensación, carece
de toda virtud curativa y apaciguadora. En cambio,
la nada como idea nos calma y nos da, simultáneamente, fortaleza y serenidad.

Lo volví a ver el año pasado, en Nueva York. Mi
mujer y yo coincidimos por unos días, en el mismo
hotel, con él y María Kodama. Cenamos juntos, llegó
de pronto Eliot Winberger y se habló de poesía china. Al final, Borges recordó a Reyes y a López Velarde; como siempre, recitó unas líneas del segundo,
aquellas que empiezan así: «Suave patria, vendedora
de chía...» Se interrumpió y me preguntó:

—¿A qué sabe la chía?

Confundido, le respondí que no podía explicárse-
lo sino con una metáfora:

—Es un sabor terrestre.

Movió la cabeza. Era demasiado y demasiado
poco. Me consolé pensando que expresar lo instantá-
neo no es menos arduo que describir la eternidad. Él
lo sabía.

Es difícil resignarse ante la muerte de un hombre
querido y admirado. Desde que nacemos, esperamos
siempre la muerte y siempre la muerte nos sorprende. Ella, la esperada, es siempre la inesperada. La
siempre inmerecida. No importa que Borges haya
muerto a los ochenta y seis años: no estaba maduro
para morir. Nadie lo está, cualquiera que sea su edad.
Se puede invertir la frase del filósofo y decir que
todos —viejos y niños, adolescentes y adultos— somos
frutos cortados antes de tiempo. Borges duró más
que Cortázar y Bianco, para hablar de otros dos que-
ridos escritores argentinos, pero lo poco que los so-
brevivió no me consuela de su ausencia. Hoy Borges
ha vuelto a ser lo que era cuando yo tenía veinte
años: unos libros, una obra.

Cultivó tres géneros: el ensayo, la poesía y el cuento. La división es arbitraria: sus ensayos se leen como cuentos, sus cuentos son poemas y sus poemas nos hacen pensar como si fuesen ensayos. El puente entre ellos es el pensamiento. Por esto, es útil comenzar por el ensayista. Borges fue un temperamento metafísico. De ahí su fascinación por los sistemas idealistas y sus arquitecturas diáfanas: Berkeley, Leibnitz, Spinoza, Bradley, los distintos budismos. También fue una mente de rara lucidez unida a la fantasía de un poeta atraído por el «otro lado» de la realidad; así, no podía sino sonreír ante las construcciones quiméricas de la razón. Así se salvó de los sistemas; sus verdaderos maestros fueron Hume, Schopenhauer, Chuang-Tzu. Aunque en su juventud lo deslumbraron las opulencias verbales y los laberintos sintácticos de Quevedo y de Browne, no se parece a ellos. Más bien hace pensar en Montaigne, por su escepticismo y su curiosidad universal, ya que no por el estilo. También en otro contemporáneo nuestro, hoy un poco olvidado: George Santayana.

A diferencia de Montaigne, no le interesaron demasiado los enigmas morales y psicológicos; tampoco la diversidad de costumbres, hábitos y creencias del animal humano. No lo apasionó la historia ni lo atrajo el estudio de las complejas sociedades humanas. Sus opiniones políticas fueron juicios morales e, incluso, caprichos estéticos. Aunque los emitió con valentía y probidad, lo hizo sin comprender verdaderamente lo que pasaba a su alrededor. A veces acertó, por ejemplo, en su oposición al régimen de Perón y su rechazo al socialismo totalitario; otras desbarró y su visita a Chile en plena dictadura militar y sus fáciles epigramas contra la democracia consternaron a sus amigos. Después, se arrepintió. Hay que agregar que siempre, en sus aciertos y en sus errores, fue coherente consigo mismo y honrado. Nunca mintió ni justificó el mal a sabiendas, como lo han hecho muchos de sus enemigos y detractores. Nada más alejado de Borges que la casuística ideológica de nuestros contemporáneos.

Todo esto fue accidental; lo desvelaban otros temas: el tiempo y la eternidad, la identidad y la pluralidad, lo uno y lo otro. Estaba enamorado de las ideas. Un amor contradictorio, corroído por la pluralidad: detrás de las ideas no encontró a la Idea (llámese Dios, Vacuidad o Primer Principio) sino a una nueva y más abismal pluralidad, la de sí mismo. Buscó la Idea y encontró la realidad de un Borges que se disgregaba en sucesivas apariciones. Borges fue siempre el otro Borges desdoblado en otro Borges, hasta el infinito. En su interior pelearon el metafísico y el escéptico; ganó el escéptico pero el escepticismo no le dio paz sino que multiplicó los fantasmas metafísicos. Su emblema fue el espejo. Emblema abominable: si el espejo es la refutación de la metafísica, también es la condenación del escéptico.

Sus ensayos son memorables, más que por su originalidad, por su diversidad y por su escritura. Humor, sobriedad, agudeza y, de pronto, un disparo insólito. Nadie había escrito así en español. Reyes, su modelo, fue más correcto y fluido, menos preciso y sorprendente. Dijo menos cosas con más palabras; el gran logro de Borges fue decir lo más con lo menos. Pero no exageró: no clava a la frase, como Gracián, con el alfiler del ingenio ni convierte al párrafo en un jardín simétrico. Borges sirvió a dos divinidades contrarias: la simplicidad y la extrañeza. Con frecuencia las unió y el resultado fue inolvidable: la naturalidad insólita, la extrañeza familiar. Este acierto, tal vez irrepetible, le da un lugar único en la historia de la literatura del siglo xx. Todavía muy joven, en un poema dedicado al Buenos Aires vario y cambiante de sus pesadillas, define a su estilo: «Mi verso es de interrogación y de prueba, para obedecer lo entrevisto.» La definición abraza también a su prosa. Su obra es un sistema de vasos comunicantes y sus ensayos son arroyos navegables que desembocan con naturalidad en sus poemas y cuentos. Confieso mi preferencia por estos últimos. Sus ensayos me sirven no para comprender al universo ni para comprenderme a mí mismo sino para comprender mejor sus invenciones sorprendentes.

Aunque los asuntos de sus poemas y de sus cuentos son muy variados, su tema es único. Pero antes de tocar este punto, conviene deshacer una confusión: muchos niegan que Borges sea realmente un escritor hispanoamericano. El mismo reproche se hizo al primer Darío y por nadie menos que José Enrique Rodó. Prejuicio no por repetido menos perverso: el escritor es de una tierra y de una sangre pero su obra no puede reducirse a la nación, la raza o la clase. Además, se puede invertir la censura y decir que la obra de Borges, por su transparente perfección y por su nítida arquitectura, es un reproche a la dispersión, la violencia y el desorden del continente latinoamericano. Los europeos se asombraron ante la universalidad de Borges pero ninguno de ellos advirtió que ese cosmopolitismo no era, ni podía ser, sino el punto de vista de un latinoamericano. La excentricidad de América Latina consiste en ser una excentricidad europea; quiero decir, es otra manera de ser occidental. Una manera no-europea. Dentro y fuera, al mismo tiempo, de la tradición europea, el latinoamericano puede ver a Occidente como una totalidad y no con la visión, fatalmente provinciana, de un francés, un alemán, un inglés o un italiano. Esto lo vio mejor que nadie un mexicano: Jorge Cuesta; y lo realizó en su obra, también mejor que nadie, un argentino: Jorge Luis Borges. El verdadero tema de la discusión no debería ser la ausencia de americanidad de Borges sino aceptar de una vez por todas que su obra expresa una universalidad implícita en América Latina desde su nacimiento.

No fue un nacionalista y, sin embargo, ¿quién sino un argentino habría podido escribir muchos de sus poemas y cuentos? Sufrió también la atracción hacia la América violenta y obscura. La sintió en su manifestación menos heroica y más baja: la riña callejera, el cuchillo del *malevo* matón y resentido. Extraña dualidad: Berkeley y Juan Iberra, Jacinto Chiclano y Duns Escoto. La ley de la pesantez espiritual también rige la obra de Borges: el macho latinoamericano frente al poeta metafísico Macedonio Fernández. La contradicción que habita sus especulaciones intelectuales —la disputa entre la metafísica y el escepticismo— reaparece con violencia en el campo de la afectividad. Su admiración por el cuchillo y la espada, por el guerrero y el pendenciero, era tal vez el reflejo de una inclinación innata. En todo caso es un rasgo que aparece una y otra vez en sus escritos. Fue quizá una réplica vital, instintiva, a su escepticismo y a su civilizada tolerancia. Nunca ocultó su fascinación ante las hazañas de los pistoleros del Far West y los *malevos* de Buenos Aires. En muchas de sus entrevistas con la prensa y en algunos de sus escritos practicó el disparo verbal con una mortífera precisión que habría apreciado Billy the Kid.

En su vida literaria esta tendencia se expresó como afición por el debate y por la afirmación individualista. En sus comienzos, como casi todos los escritores de su generación, participó en la vanguardia literaria y en sus irreverentes manifestaciones. Más tarde cambió de gustos y de ideas, no de actitudes; dejó de ser ultraísta pero continuó cultivando las salidas de tono, la impertinencia y la insolencia brillante. En su juventud, el blanco había sido el espíritu tradicional y los lugares comunes de las academias y de los conservadores; en su madurez la respetabilidad cambió de casa y de traje; se volvió juvenil, ideológica y revolucionaria. Borges se burló del nuevo conformismo de los iconoclastas con la misma gracia cruel con que se había mofado del antiguo.

No le dio la espalda a su tiempo y fue valeroso ante las circunstancias de su país y del mundo. Pero era ante todo un escritor y la tradición literaria no le parecía menos viva y presente que la actualidad. Su curiosidad iba, en el tiempo, de los contemporáneos a los antiguos, y, en el espacio, de lo próximo a lo lejano, de la poesía gauchesca a las sagas escandinavas. Muy pronto frecuentó y asimiló con soberana libertad los otros clasicismos que la modernidad ha descubierto, los del Extremo Oriente y los de la India, los árabes y los persas. Su información no era siempre de primera mano ni la más fresca (el budismo, las literaturas de China y de Japón) pero suplía esas lagunas con memorables invenciones: ¿cómo reprochárselo?

Borges no fue realmente un pensador ni un crítico: fue un literato, un gran literato. En su juventud admiró al Quevedo sentencioso y elíptico, es decir, al ingenioso estilista, no al espíritu alternativamente seducido y aterrado por el pecado, el mal, la muerte. Pero su inmensa facultad de fabulación lo salvó de los laberintos, ora fulgurantes y ora lóbregos, de los Quevedo y los Gracián; en su madurez comprendió que, para contar las historias extraordinarias que imaginaba, hacía falta un estilo más sobrio y directo. Esta faceta de su obra, tal vez la central, lo acerca a otros escritores de su predilección, todos ellos autores de cuentos y todos ellos anteriores a la gran revolución literaria del siglo XX que llamamos «vanguardia». Pienso, por ejemplo, en Wells, Chesterton, Saki (Munro) y Lord Dunsany (los dos últimos hoy olvidados). Pero Borges los aventajó no por el rigor de sus fantasías sino por la limpieza de la ejecución, la pureza del trazo y la penetración metafísica. La diversidad de lecturas y la pluralidad de influencias no lo convirtieron en un escritor babélico: no fue confuso ni prolijo sino nítido y conciso.

La imaginación es la facultad que asocia y tiende puentes entre un objeto y otro; por esto es la ciencia de las correspondencias. Esta facultad la tuvo Borges en el grado más alto, unida a otra no menos preciosa: la inteligencia para quedarse con lo esencial y podar las vegetaciones parásitas. Su saber no fue el del historiador, el del filólogo o el del crítico; fue un saber de escritor, un saber activo que retiene lo que le es útil y desecha lo demás. Sus admiraciones y sus odios literarios eran profundos y razonados como los de un teólogo y violentos como los de un enamorado. No fue ni imparcial ni justo; no podía serlo: su crítica era el otro brazo, la otra ala, de su fantasía creadora. No fue un buen juez de los otros. ¿Lo fue de sí mismo? Lo dudo: sus gustos no siempre coincidieron con la índole de su talento. No se parece a Whitman o a Verlaine; se parece a Chesterton y a Schwob. Eran espíritus de la misma familia. Pero Chesterton no era escéptico sino creyente; católico en un país de protestantes y librepensadores, su literatura fue una prédica, sin excluir a las historias del Padre Brown, verdaderos apólogos bajo el disfraz de la «murder story». Además, fue prolífico y descuidado, lo contrario de Borges, artífice del lenguaje. Es mayor el parecido con Marcel Schwob, que fue uno de sus maestros. Schwob no era poeta y su obra, escasa y tocada por ciertos manierismos de la época crepuscular en que vivió, carece de la dimensión metafísica del argentino. No, los parecidos son engañosos: Borges se parece, sobre todo, a Borges.

Cultivó las formas tradicionales y, salvo en su juventud, apenas si lo tentaron los cambios y las violentas innovaciones de nuestro siglo. Sus ensayos fueron realmente ensayos; nunca confundió este género, como es ya costumbre, con el tratado, la disertación o la tesis. En sus poemas predominó, al principio, el verso libre; después, las formas y los metros canónicos. Como poeta ultraísta fue más bien tímido, sobre todo si se comparan los poemas un tanto lineales de sus primeros libros con las osadas y complejas construcciones de Huidobro y de otros poetas europeos de ese período. No cambió la música del verso español ni trastornó la sintaxis: ni Góngora ni Darío. Tampoco descubrió algún subsuelo poético, como Neruda. Sin embargo, sus versos son únicos, inconfundibles: sólo él podía haberlos escrito. Sus mejores versos no son palabras esculpidas: son luces o sombras repentinas, dádivas de las potencias desconocidas, verdaderas iluminaciones.

Sus cuentos son insólitos por la felicidad de su fantasía, no por su forma. Al escribir sus obras de imaginación no se sientió atraído por las aventuras y vértigos verbales de un Joyce, un Celine o un Faulkner. Lúcido casi siempre, no lo arrastró el viento pasional de un Lawrence, que a veces levanta polvaredas y otras despeja de nubes el cielo. A igual distancia de la frase serpentina de Proust y de la telegráfica de Hemingway, su prosa me sorprende por su equilibrio; ni demasiado lacónica ni prolija, ni lánguida ni entrecortada. Virtud y limitación: con esa prosa se puede escribir un cuento, no una novela; se puede dibujar una situación, disparar un epigrama, asir la sombra del instante, no contar una batalla, recrear una pasión, penetrar en un alma. Su originalidad, lo mismo en la prosa que en el verso, no está en la novedad de las ideas y las formas sino en su estilo, seductora alianza de lo más simple y lo más complejo, en sus admirables invenciones y en su visión. Es una visión única no tanto por lo que se ve sino por el lugar desde donde ve al mundo y se ve a sí mismo. Un punto de vista más que una visión.

Su amor a las ideas fue extremoso y lo fascinaron muchos absolutos, aunque terminó por no creer en ninguno. En cambio, como escritor sintió una instintiva desconfianza ante los extremos y casi nunca lo abandonó el sentido de la medida. Lo deslumbraron las desmesuras y las enormidades, las mitologías y cosmologías de la India y de los nórdicos, pero su idea de la perfección literaria fue la de una forma limitada y clara, con un principio y un fin. Pensó que las eternidades y los infinitos caben en una página. Habló con frecuencia de Virgilio y nunca de Horacio; la verdad es que no se parece al primero sino al segundo: jamás escribió ni intentó escribir un poema extenso y se mantuvo siempre dentro de los límites del decoro horaciano. No digo que Borges haya seguido la poética de Horacio sino que su gusto lo llevaba a preferir las formas mesuradas. En su poesía y en su prosa no hay nada ciclópeo.

Fiel a esta estética, observó invariablemente el consejo de Poe: un poema moderno no debe tener más de cincuenta líneas. Curiosa modernidad: casi todos los grandes poemas modernos son poemas extensos. Las obras características del siglo xx —pienso, por ejemplo, en las de Eliot y Pound— están animadas por una ambición: ser las divinas comedias y los paraísos perdidos de nuestra época. La creencia que sustenta a todos estos poemas es la siguiente: la poesía es una visión total del mundo o del drama del hombre en el tiempo. Historia y religión. Frente a las dos su actitud fue de perplejidad. Vio en la historia un repertorio de curiosidades, hazañas insensatas y abominaciones; en la religión, un catálogo de delirios, unos memorables y otros irrisorios. Le interesaron, en la historia, los sucesos y los héroes sorprendentes: en la religión, las herejías. Buscó a la elusiva certidumbre fuera de las iglesias y de los sistemas. Su lucidez irónica lo preservó de muchas de las aberraciones en que incurrieron no pocos de sus contemporáneos; también dañó su comprensión de la historia, que es siempre visión de los otros, y de aquello que está más allá de la historia: lo *otro*. La palabra *comunión*, que es la llave del cristianismo, no figura en su vocabulario.

Dije más arriba que la originalidad de Borges consistía en haber descubierto un punto de vista; por esto, algunos de sus poemas mejores adoptan la forma de comentarios a nuestros clásicos: Homero, Dante, Cervantes. El punto de vista de Borges es su arma infalible: trastorna todos los puntos de vista tradicionales y nos obliga a ver de otra manera las cosas que vemos o los libros que leemos. Algunas de sus ficciones parecen cuentos de *Las mil noches y una noche* escritos por un lector de Kipling y Chuang Tzu; algunos de sus poemas hacen pensar en un poeta de la *Antología Palatina* que hubiese sido amigo de Schopenhauer y de Lugones. Practicó los géneros llamados menores —cuentos, poemas breves, sonetos— y es admirable que haya conseguido con ellos lo que otros se propusieron con largos poemas y novelas. La perfección no tiene tamaño. Él la alcanzó con frecuencia por la inserción de lo insólito en lo previsto, por la alianza de la forma dada con un punto de vista extraño pero riguroso que, al minar las apariencias, descubre otras. Borges el inquisitivo interrogó al mundo; su duda fue creadora y suscitó la aparición de otros mundos y realidades.

Sus cuentos y sus poemas son invenciones de poeta y de metafísico; por esto satisfacen dos de las facultades centrales del hombre: la razón y la fantasía. Es verdad que no provoca la complicidad de nuestros sentimientos y pasiones, sean las obscuras o las luminosas: piedad, sensualidad, cólera, ansia de fraternidad; también lo es que poco o nada nos dice sobre los misterios de la sangre, el sexo y el apetito de poder. Tal vez la literatura tiene sólo dos temas: uno, el hombre con los hombres, sus semejantes y sus adversarios; otro, el hombre solo frente al universo y frente a sí mismo. El primer tema es el del poeta épico, el dramaturgo y el novelista; el segundo, el del poeta lírico y metafísico. En la obra de Borges hay una gran ausencia: el amor. Ni el amor sublime ni el terrestre, ni Dante ni Propercio. Tampoco aparece la sociedad humana ni sus complejas y diversas manifestaciones, que van del amor de la pareja solitaria a los grandes hechos colectivos. Sus obras pertenecen a la otra mitad de la literatura y todas ellas tienen un tema único: el tiempo y nuestras renovadas y estériles tentativas por abolirlo. Las eternidades son paraísos que se convierten en condenas, quimeras que son más reales que la realidad. O quizá debería decir: quimeras que no son menos irreales que la realidad.

A través de variaciones prodigiosas y de repeticiones obsesivas, Borges exploró sin cesar ese tema único: el hombre perdido en el laberinto de un tiempo hecho de cambios que son repeticiones, el hombre que se desvanece al contemplarse ante el espejo de la eternidad sin facciones, el hombre que ha encontrado la inmortalidad y que ha vencido la muerte pero no al tiempo ni a la vejez. En los ensayos este tema se resuelve en paradojas y antinomias; en los poemas y los cuentos, en construcciones verbales que tienen la elegancia de un teorema y la gracia de los seres vivos. La discordia entre el metafísico y el escéptico es insoluble pero el poeta hizo con ella transparentes edificios de palabras entretejidas: el tiempo y sus reflejos danzan sobre el espejo de la conciencia atónita. Obras de rara perfección, objetos verbales y mentales construidos conforme a una geometría a un tiempo rigurosa y fantástica, racional y caprichosa, sólida y cristalina. Lo que nos dicen todas esas variaciones del tema único es también algo único: las obras del hombre y el hombre mismo no son sino configuraciones de tiempo evanescente. Él lo dijo con lucidez impresionante: «El tiempo es la substancia de que estoy hecho. El tiempo es un río que me arrebata pero yo soy ese río, es un fuego que me consume pero yo soy el fuego.» La misión de la poesía es sacar a la luz lo que está oculto en los repliegues del tiempo. Era necesario que un gran poeta nos recordase que somos, juntamente, el arquero, la flecha y el blanco.

México, 1986

JUEGOS DE MEMORIA Y OLVIDO

(LUIS CERNUDA)

Hace años, en un momento de entusiasmo del que no me arrepiento, dije que la poesía era un *pórtico de pilares transparentes*. Lo dije porque así la vi y así lo sentí. Cada pilar era una columna sonora: *sílabas que alguien dice, palabras que alguien oye*. ¿Ecos de Baudelaire? Quizá. Pero también la intuición de una verdad que una y otra vez he comprobado: en cada poema percibimos siempre la huella y la prefiguración de otros poemas, unos ya escritos y otros por escribir. Música en la que el hoy se enlaza al ayer y al mañana: ¿no es esto lo que llamamos tradición? En el dominio de la poesía no hay, como no los hay en todo el universo, ejemplares únicos, individuos aislados: hay familias y tribus, asambleas de columnas, galerías de reflejos. Cada poema nos lleva a otro poema. Los sonetos amorosos de Quevedo, piras en donde arden almas desencarnadas y huesos desalmados, un día me llevaron a los de Lope de Vega, perfecta fusión de la carne y el sentimiento, plenos y redondos como esos desnudos de Tiziano, húmedos todavía de la transpiración perlada del ejercicio erótico pero cuyos ojos reflejan lejanías. En el momento en que el mundo parece más firme y radiante, más real, brota la sospecha de su irrealidad. La carne no es triste: es irreal.[1]

---

1. Cf. mi ensayo «Quevedo, Heráclito y algunos sonetos» en *Sombras de Obras* (1983).

Volver a nuestros poetas es penetrar en salas y terrazas de ecos y reflejos; los sonetos fúnebres y voluptuosos del siglo XVII me llevaron después a ciertos sonetos del siglo XVI, menos rotundos pero no menos sensuales. Cuerpos blancos y sinuosos como ríos de llamas, vivos jeroglíficos de las ideas puras y de las presencias incorruptibles: el cuerpo y las estrellas. Pienso sobre todo en dos sonetos, uno de Aldana y otro de Medrano. En el de Aldana la amante pregunta por qué, *en la lucha de amor juntos trabados*, lloramos y suspiramos; el amante responde que el amor profiere esas quejas porque los cuerpos no pueden juntarse como se juntan las almas. Están separados por un *velo mortal*, es decir, por la muerte. Aunque el soneto es muy conocido, no resisto a la tentación de citarlo por entero:

> *—¿Cuál es la causa, mi Damón, que estando*
> *en la lucha de amor juntos trabados*
> *con lenguas, brazos, pies y encadenados*
> *cual vid que entre el jazmín se va enredando*
> *y que el vital aliento ambos tomando*
> *en nuestros labios, de chupar cansados,*
> *en medio a tanto bien somos forzados*
> *llorar y suspirar de cuando en cuando?*

> *—Amor, mi Filis bella, que allá dentro*
> *nuestras almas juntó, quiere en su fragua*
> *los cuerpos ajuntar también tan fuerte*
> *que no pudiendo, como esponja el agua,*
> *pasar del alma al dulce amado centro,*
> *llora el velo mortal su avara suerte.*

La respuesta de Aldana está teñida de platonismo pero no es difícil adivinar una rebelión contra el dualismo platónico: no hay renuncia al cuerpo sino una aspiración por ir más allá y romper la dualidad. Los cuerpos deben abrazarse y unirse como las almas.

Donne dijo algo no menos violento y quizá más audaz: el cuerpo es el libro del alma —el libro santo.

El soneto de Medrano no tiene la complejidad del de Aldana ni su sensualidad ardiente y triste pero no es menos impresionante ni menos hondo:

> No sé cómo, ni cuándo, ni qué cosa
> sentí, que me llenaba de dulzura:
> sé que llegó a mis brazos la hermosura,
> de gozarse conmigo codiciosa.
> Sé que llegó, si bien, con temerosa
> vista, resistí apenas su figura:
> luego pasmé, como el que en noche obscura,
> perdido el tino, el pie mover no osa.
>
> Siguió un gran gozo a aqueste pasmo, o sueño
> —no sé cuándo, ni cómo, ni qué ha sido—
> que lo sensible todo puso en calma.
>
> Ignorarlo es saber, que es bien pequeño
> el que puede abarcar solo el sentido,
> y éste puede caber en sólo el alma.

El abrazo carnal es una «noche obscura» como la noche de los místicos; en ella, lo «sensible» se calma en una suerte de pasmo hasta que adviene un «gran gozo» imposible de explicar o definir: *no sé cómo, ni cuándo, ni qué cosa sentí...* Ante este misterio, Medrano dice: *ignorarlo es saber.* Los términos de la teología negativa le sirven al ex jesuita sevillano para nombrar a la experiencia erótica... sin nombrarla.

A pesar de que fueron escritos bajo la doble luz del neoplatonismo y del cristianismo, estos sonetos son una transgresión de esas doctrinas: los dos dicen que el camino de la carne es el camino de la iluminación espiritual. El soneto de Francisco de Aldana es más enérgico y dramático: nos presenta el abrazo erótico como la lucha de los cuerpos por ser almas y

de las almas por ser cuerpos. El de Medrano es más
simple y efusivo; se ciñe a la experiencia mística tradicional pero transpuesta al dominio del cuerpo. Los
sentidos perciben lo que percibe el alma según los
místicos: un goce indefinible y que es el bien supremo. Es reconfortante descubrir que en nuestra tradición poética circula, secreta y casi subterránea, una
corriente que ofrece más de una semejanza con el
misticismo erótico (tantrismo) de la India. ¿Por qué
nuestra crítica no ha explorado este dominio? Nos
hace falta *oír* a nuestros poetas. Oír no lo que dicen
expresamente sino su decir encubierto, aquello que,
sin decirlo del todo, dicen. Medrano nos muestra la
senda: *ignorarlo es saber.*

La poesía nos seduce porque cada poema, cualquiera que sea su asunto, es un pequeño universo de
ecos y correspondencias. Es una armonía que no excluye ni las rupturas ni las disonancias: el tejido verbal de los poemas reproduce las asociaciones y separaciones, las coincidencias y los accidentes que son
nuestras vidas. La poesía de Francisco de Medrano
me llevó al libro que Dámaso Alonso le ha dedicado.
Por distintas circunstancias no pude leerlo sino hasta el pasado mes de julio. Dámaso Alonso señala la
confluencia entre estoicismo y epicureísmo en la poesía de Medrano, herencia de Horacio; lástima que
nuestro gran crítico no se detenga en el aspecto que
mencioné más arriba: el misticismo erótico. O más
bien: el erotismo como vía contemplativa y unitiva.
En otro pasaje de su libro, se refiere a Cernuda y
dice que fue el primero entre los poetas modernos en
advertir el valor de la poesía de Medrano. Recordé
inmediatamente aquel breve ensayo de Cernuda, publicado en *Cruz y Raya*, en 1936, como prólogo a una
pequeña antología de sonetos sevillanos de Rioja, Arguijo y Medrano. Volví a leerlo y encontré, no sin
sorpresa, que no se refiere al soneto que he citado
—misterioso como un repentino claro en el bosque—

ni lo incluye en su selección; sin embargo, acierta al decir que la pasión «brota en Medrano desnuda, directamente del poeta a su alma». También percibe con claridad la naturaleza del encanto de Rioja; a pesar de que no son suyos los dos grandes poemas que se le atribuían (*La canción a las ruinas de Itálica* y *La epístola moral a Fabio*) es uno de los poetas más puros de su siglo. No diré lo mismo de Arguijo. Es correcto, a veces elegante y otras, con más frecuencia, envarado. Cernuda lo llama *esteta*; le conviene más otro adjetivo: parnasiano.

¿Por qué cuento todo esto y salto de un poema a otro? Porque la lectura del libro de Dámaso Alonso, provocada por la poesía de Medrano y que suscitó la aparición de Cernuda, desencadenó la serie de las correspondencias. Mientras leía, recibí una carta de Enrico Mario Santí. A este joven crítico cubano se le ha ocurrido desenterrar mis escritos de primerizo y en un viejo número de *El Popular* encontró unas olvidadas páginas mías sobre Proust. Las escribí en 1932 o 1933: fue mi primer ensayo, en todos los sentidos de la palabra. Como el artículo de *El Popular* es sólo un fragmento de un trabajo más extenso, le prometí a Santí buscar entre mis papeles lo que faltaba. No encontré el texto perdido y olvidé el asunto. La carta de Santí me obligó a emprender una búsqueda más sistemática. Recordé que en 1943, al dejar México por una larga temporada, le había entregado a mi madre una pequeña caja con algunos papeles y otros objetos. Hace poco, después de su muerte, recobre aquella caja. La carta de Enrico Mario me recordó su existencia; al abrirla, encontré mi ensayo. También encontré otras cosas y, entre ellas, un legajo enteramente olvidado por mí. En su primera página, escrito en máquina, se lee: *Luis Cernuda* y abajo: *Fantasías de provincia* (1937-1940). En el extremo inferior derecho se indica el contenido: tres narraciones y una pieza de teatro. Al leer los títulos de estos textos comprobé que los relatos habían sido ya publicados por el mismo Cernuda pero que la pieza de teatro era inédita. ¿Cómo es posible, me pregunté azorado, que durante tantos años haya olvidado este legajo? Antes de contestar a esta pregunta debo contar la historia de mi correspondencia con Luis Cernuda.

Lo conocí en el verano de 1937, en Valencia. Fue un encuentro fugaz. Una mañana acompañé a Juan Gil-Albert, que era el secretario de *Hora de España*, a la imprenta donde se imprimía la revista. Ahí encontramos a Cernuda, que corregía alguna de sus colaboraciones. Gil-Albert me presentó y él, al escuchar mi nombre, me dijo: «Acabo de leer su poema y me ha encantado.» Se refería a la *Elegía a un joven muerto en el frente de Aragón*, que debía aparecer en el próximo número de *Hora de España* (septiembre) y que uno de mis amigos, Altolaguirre o Gil-Albert, le había mostrado en pruebas de imprenta. Le respondí con algunas frases entrecortadas y confusas. Admiraba al poeta pero ignoraba que la cortesía del hombre era igualmente admirable. Experimenté la misma sorpresa cuando conocí a André Breton, aunque las maneras de este último eran más solemnes y ceremoniosas, como el estilo *noble* de su prosa, que recuerda a la de Bousset. Las de Cernuda eran simples y reservadas, una indefinible mezcla de anglicismo y andalucismo. Conversamos un rato, no recuerdo ahora de qué; probablemente acerca de la vida en Valencia durante aquellos días y de la creciente fiscalización que los «sacripantes del Partido», como los llama en un poema, ejercían sobre los escritores. En esta rápida conversación se mostró cáustico, inteligente y rebelde. Advertí también una veta de melancolía y cierta desconfianza. No se equivocó Salinas al llamarlo el Licenciado Vidriera y la furia de Cernuda ante el apodo delata que la flecha dio en el blanco. Pero en esta ocasión me sedujo su civilizada sencillez como más tarde me cautivaron su sensibilidad, su inteligencia y su discreción.

En otras ocasiones he hablado del poeta; ahora, al recordar nuestro primer encuentro, evoco brevemente al amigo. No fuimos íntimos y a lo largo de veinticinco años supimos guardar las distancias y, así, conservar el afecto y la mutua estimación. Es cierto que fue hosco y difícil, susceptible, irritable y víctima de furores pueriles: vivía a la intemperie y casi indefenso. Era vulnerable y lo sabía. Muy pronto, tal vez en la niñez o en la adolescencia, fue herido y desde entonces lo punzaba, como dice en un poema, «la sombra de aquellas espinas, de aquellas espinas, ya sabéis...». Sus virtudes fueron poco comunes: sabía guardar los secretos; era leal y firme; no era chismoso ni adulador ni mentiroso; era recto. En materia de opiniones y gustos —morales, estéticos o sexuales— fue íntegro, entero. Tuvo fama de intransigente porque en el medio literario reina la duplicidad; en realidad fue incorruptible. Tenía una rara incapacidad para pactar, inclusive consigo mismo, signo de elevada moral (y también, es verdad, de soberbia solitaria). ¿Lo más alejado de su carácter? La condescendencia, el servilismo, la complicidad del sectario, el gregarismo. Nada más opuesto a la garrulería española que su reserva desdeñosa; nada más alejado de la doblez y las disimulaciones mexicanas que su rectitud.

Convivían en él varias tendencias contradictorias: la independencia más arisca y la fidelidad más completa, la exigencia y la comprensión, la timidez y la insolencia, la esquivez y la amabilidad, el narcisismo ingenuo y cierto fascinado horror ante sí mismo. No era inmune a pasiones como la vanidad, la envidia y la cólera pero su gran inteligencia y su amor a la verdad atenuaban estos defectos. Era severo con los otros porque lo era consigo mismo. En un ambiente como el nuestro, en donde las ideas sirven de antifaces y los libros de proyectiles, Cernuda merece ser llamado, en el más alto sentido de la palabra, un hombre civilizado: irónico pero enamorado de la belleza y del saber, escéptico pero capaz de veneración y entusiasmo. En sus actitudes yo veía la unión del nativo estoicismo andaluz y del rigor del *dandy*. No es casual la unión de estos términos: en la elegancia del *dandy* hay un ascetismo estético. Incluso en su culto al placer advierto una inflexibilidad que está más cerca de Séneca que de Epicuro. Para definirlo hay que resucitar el título de una comedia de Terencio: *El atormentador de sí mismo*. Pero esos tormentos le dieron también el goce mayor y más alto: el de la creación. Fue ante todo y sobre todo un poeta. Su vida, su pensamiento, todo lo que fue y lo que quiso ser, se resuelven en esa palabra diáfana e irisada como una gota de agua que fuese inmune al tiempo: poesía.

No volví a ver a Cernuda sino hasta años después. A fines de 1938 recibí una carta suya, fechada el 24 de septiembre de ese año, escrita en papel del instituto en donde enseñaba: Granleigh School, near Guildford, Surrey. Se refería a nuestro encuentro en Valencia: «no sé si le extrañará recibir estas líneas mías. El año pasado, cuando nos conocimos, yo estaba en un momento bastante difícil, que seguramente usted comprendería, ya que vivió varias semanas en el mismo ambiente que originaba mi malestar...». Aludía a los incidentes de aquel verano: el desagrado con que algunos círculos oficiales habían recibido la representación de *Mariana Pineda* dirigida por Manolo Altolaguirre y en la que Cernuda desempeñó un papel central; la detención de su amigo, el dibujante y pintor Víctor Cortezo, que había diseñado el vestuario de la pieza; la reprobación de varios funcionarios y escritores comunistas por su elegía a García Lorca. Me contaba que había logrado salir de España y que vivía en Inglaterra; por desgracia, en Londres —aun menos en Surrey— le era imposible tener noticias de lo que ocurría en el ámbito literario español e hispanoamericano. Me pedía que le escribiese. Lo sentí muy solo y le contesté inmediatamente. Así comenzó una correspondencia que no terminó sino hasta su muerte en 1963. Naturalmente durante los años en que coincidimos en México dejamos de cartearnos. Pero aun en esos períodos me enviaba, de vez en cuando, esquelas y notas. Guardo algunas. Después supe, por nuestra común amiga Dolores Arana, que en un momento de cólera contra el mundo o víctima de una depresión, no sé, destruyó toda su correspondencia. La noticia me entristeció. Fue injusto con sus amigos y con él mismo.

A fines de 1943 dejé México. No volví sino diez años después. Durante una larga temporada viví en los Estados Unidos una existencia nómada de ciudad en ciudad y de hotel en hotel: Los Ángeles, Berkeley, San Francisco, Middleburry, Nueva York. Mi correspondencia con Cernuda continuó a pesar de los cambios de domicilio. El 24 de julio de 1944 recibí una carta en la que me anunciaba que por correo aparte me enviaba una copia de su «nueva colección de versos». Y agregaba: «No sé si habrá ocasión de publicarla por ahí; en todo caso quiero que algún amigo tenga copia de mi trabajo... sería demasiado dejar que se perdiese en cualquier accidente de los que hoy cercan nuestras vidas.» Al poco tiempo llegó a mis manos el manuscrito de *Como quien espera el alba*. Cernuda temía perder en un bombardeo alemán no sólo la vida sino la obra. Este envío me estremeció: en un momento terrible, para él y para todos, había elegido a un joven poeta mexicano, apenas entrevisto, como custodio de su poesía. Se me ocurrió proponer a los amigos de *Litoral* la publicación del libro pero él me rogó, con vehemencia, que no lo hiciese. En diciembre de 1945, de paso hacia París, me detuve en Londres por unos días. Vi a Cernuda casi diariamente y le devolví la copia de *Como quien espera el alba* (con dos o tres anotaciones, que él agradeció y que no sé si tomó en cuenta). El libro salió más tarde, en 1947, en Buenos Aires. Viví en París algunos años. Después me fui al Oriente y Cernuda a los Estados Unidos. En 1953 volví a México. Reanudamos nuestro trato y el Fondo de Cultura Económica publicó en 1958 una edición de *La realidad y el deseo* al fin sin erratas. Al año siguiente yo salí nuevamente del país. Su muerte me sorprendió dolorosamente en Delhi.

He contado todo esto sin aludir al manuscrito de *Fantasías de provincia* porque la verdad es que durante todos esos años ni Cernuda me habló de esa obra ni yo pensé en ella. De ahí mi desconcierto al encontrarla en la caja que confié a mi madre en 1943. El legajo está escrito a máquina y tiene correcciones de la mano de Cernuda. He cotejado algunas páginas con las publicadas en el tomo de *Prosa completa*,[2] y no he encontrado discrepancias. En la primera página, en el extremo superior derecho, se lee: «Luis Cernuda / Spanish Dept. / Glasgow University.» En el centro: *Luis Cernuda* y abajo: *Fantasías de provincia* (1937-1940). En el extremo inferior derecho, a manera de sumario: «*El viento de la colina.* Veintisiete hojas / *Sombras en el salón.* Veintiséis hojas / *La familia interrumpida.* Cincuenta y nueve hojas / *El indolente.* Cuarenta y seis hojas. / Más una hoja de prólogo y un índice.» En la página siguiente aparece el breve prólogo (doce líneas) y en la siguiente el índice: «*El viento en la colina / En la costa de Santiniebla / Sombras en el salón / La familia interrumpida / La venta de los chopos / El indolente.*» Mi sorpresa ante la discrepancia entre la lista de la primera página y el índice de la tercera aumentó cuando me di cuenta de que el manuscrito está compuesto única-

---

2. Edición de Derek Harris y Luis Maristany, Barral, 1975, Barcelona.

mente por los cuatro textos mencionados en el sumario.

Revisé la correspondencia de Cernuda y en ella encontré la respuesta a estos enigmas. En 1939, el 20 de marzo, me anuncia la próxima aparición de *Las nubes* (pensaba publicar ese libro en Londres, tal vez por su cuenta)[3] y añade: «quiero enviarle algo, una comedia y algunas narraciones de otro libro en proyecto. Pero no sé si lo creerá; por desgano y no tener máquina para copiar, aun no he hecho copias ni ordenado el original de *Las nubes*. Debo hacerlo pronto y entonces le enviaré algo...». Recibí más tarde algunos poemas para *Taller* pero no la comedia ni las narraciones. Una carta del 12 de octubre de 1941 se refiere de nuevo a ese tema y aclara los misterios del manuscrito. Transcribo el fragmento pertinente: «también quisiera pedirle otro favor, y este de suma importancia para mí. Es muy probable que mi libro *Las relaciones de provincia*[4] se publique en Buenos Aires. Bergamín tiene en su poder gran parte del original. Como no es cosa de copiarlo de nuevo, y además gano mucho tiempo si cuento con un amigo seguro que, llegado el caso, envíe el original desde ahí a Buenos Aires, le ruego recoja ahora ese original de manos de Bergamín y lo guarde hasta que yo le avise. Esta carta mía puede servirle de autorización, si fuese necesario. *Consta el original de tres relatos y una comedia, más una hoja de prólogo y otra de índice. Como verá por éste, faltan dos relatos que yo enviaría directamente al editor.*[5] Haga esto por mí y avíseme por correo aéreo tan pronto lo haya hecho. Gracias». Esta carta explica la discrepancia entre el sumario de la primera página y el índice. Sin embargo, añade otro enigma: ¿se ha perdido el original de

---

3. Apareció en Buenos Aires en 1943, precedido por un poema de Rafael Alberti.
4. ¿Es un error o decidió cambiar el título?
5. Soy yo el que subraya.

La venta de los chopos o Cernuda lo destruyó? Su corresponsal de Buenos Aires (¿quién sería?) tal vez podría ayudar a contestar esta pregunta.

Cualquiera que haya sido la suerte del relato perdido, lo cierto es que Cernuda, poco después, renunció a la idea de publicar ese libro. En 1942, en carta del 2 de septiembre, me dice: «gracias por haber recogido aquel manuscrito. No pienso ya en su publicación; aparte de que la copia está llena de errores y faltas, hay cosas que no deseo publicar, excepto dos quizá de los relatos. Guárdelo por lo tanto de miradas ajenas más que de accidentes que envuelvan su pérdida». Cumplí inconsciente y literalmente sus deseos: durante más de cuarenta años ninguna mirada ajena ha recorrido las páginas de su manuscrito. Al mismo tiempo, como lo deseaba, él publicó dos de los relatos, *El viento en la colina* y *El indolente*, en un pequeño volumen: *Tres narraciones* (1948). El otro, *Sombras en el salón*, había sido publicado antes en *Hora de España* (XIV, febrero de 1938, Barcelona). Así pues, los únicos textos inéditos del manuscrito son el corto prólogo y la pieza de teatro en dos actos *La familia interrumpida*.

El prólogo declara la intención del autor: «poesía del sueño y de la realidad», destinada a fijar ciertos momentos vividos. Cernuda quiere «hacer visible una atmósfera, dar expresión poética a un ambiente»; sus personajes son parte del paisaje, como en esos cuadros de Tiziano y de Veronese en los que hay una relación no sólo visual sino emblemática entre las figuras, los boscajes, los accidentes del terreno, las fuentes y las nubes. Memoria transfigurada por la poesía y sostenida en vilo por el deseo, o la nostalgia, de un (mentido) paraíso terrestre. El prólogo no explica la razón de incluir la pieza de teatro al lado de las cuatro narraciones. Sin duda Cernuda pensaba que no había una diferencia esencial entre ellas. No lo creo pero dejo el punto para más adelante. Pienso, sí, que todas ellas están regidas por la misma estética, ostentan influencias semejantes y corresponden al mismo período de su evolución literaria. Esto último requiere una pequeña aclaración. Según James Valender, que es el crítico que con mayor penetración y conocimiento ha estudiado este aspecto de la obra de Cernuda, *Sombras en el salón* es de 1927, *El indolente* es de 1929, *En la costa de Santiniebla* es de 1937 y *El viento en la colina* de 1938.[6] El volumen de *Prosa completa* da las mismas fechas. Sin embargo, el manuscrito de *Fantasías de provincia* es terminante: 1937-1940. Me inclino por las fechas del manuscrito: son del autor mismo. Lo más probable es que los textos de 1927 y 1929 (¿alguien los ha examinado?) sean primeras versiones, borradores después modificados por Cernuda.

Las narraciones y la pieza de teatro deben verse como un momento de su evolución, entre 1934 y 1940. A este mismo período pertenecen no sólo por la cronología sino por el estilo y las ideas, varios ensayos, dos de ellos notables y ambos de 1935: *Divagaciones sobre la Andalucía romántica* y *Bécquer y el romanticismo español*. No es casual la mención del romanticismo en estos dos textos: fue su obsesión en esos años... Al estudiar las influencias que ostentan las narraciones, Valender menciona tres nombres: Bécquer, Gide y Proust. Alianza extraña pero no inexplicable: Gide representa la exaltación de las pasiones y del instinto, es decir, afirma la vigencia del romanticismo en nuestros días; Proust es la memoria que transfigura lo que toca, sólo que esa memoria, por ser involuntaria, es también una forma de la pasión (Proust admiró siempre a Nerval, otra devoción de Cernuda, y toda su obra puede definirse por esta frase de *Les filles de feu* que Valender tiene el tino

6. James Valender, *La prosa narrativa de Luis Cernuda, Historia de una pista falsa*, Cuadernos Universitarios, UAM, México, 1985.

de recordar: *Inventer, au fond, c'est se ressouvenir*);
Bécquer, en fin, es el único poeta romántico español
en el que Cernuda se reconoció, como lo cuenta en
Historial de un libro. Yo me atrevería, tímidamente,
a agregar otro nombre: Benito Pérez Galdós. Su influencia es un poco más tardía pero me parece visible en la última de las narraciones, escrita ya en
1942: *El sarao*. Finalmente, con más decisión, propongo los nombres de algunos románticos franceses. En
seguida me explico.

El ensayo sobre la Andalucía romántica se abre
con un epígrafe de Chateaubriand y comienza con el
descubrimiento infantil de las *Memorias de ultratum-
ba*. Después cita a otros escritores franceses de esa
época: Hugo, Gautier, Nerval e incluso a Edgard Qui-
net. Pero no pienso tanto en ellos, ni siquiera en Nerval, cuyo nombre lo acompañó siempre, como en Mérimée. Lo frecuentó mucho. Tradujo el *Theatre de
Clara Gazul*, en el ensayo a que he aludido lo menciona varias veces y, años más tarde, en otro texto de
1959, al hablar de los orígenes del poema en prosa,
se refiere a *La guzla*. El interés por Mérimée se manifiesta en los mismos años en que escribió las narraciones y los ensayos sobre Bécquer y Andalucía. Y
hay algo más: ya en Escocia, en 1941, en plena baja
de la influencia francesa, lo sigue leyendo al lado de
otros pocos autores de esa lengua, como Gide, Proust,
Nerval, Rimbaud y Saint-Beuve.[7] Casi seguramente
Cernuda sintió simpatía por la figura de Mérimée, el
enamorado de Sevilla, el amigo de la madre de Euge-
nia de Montijo. Su influencia en las narraciones de
Cernuda puede definirse con palabras del mismo poeta y consiste «en el fuerte contraste entre la vida
urbana, ambiente intelectual y salón rumoroso, con

7. Debo este dato a Valender. En las últimas páginas de su ensayo
sobre la prosa narrativa del poeta andaluz, incluye una relación de los
libros sacados por Cernuda de la Biblioteca de la Universidad de Glasgow
entre 1939 y 1943.

el perezoso campo andaluz...». Este contraste aparece en todas las narraciones y es particularmente vivo en *Sombras en el salón*. Pero el relato en que puede percibirse mejor la sombra (o la luz) de Mérimée es *El indolente*, que ofrece más de una semejanza con *La Venus d'Ille*. Cierto, el cuento de Mérimée es una pequeña obra maestra, lo mismo por su invención que por su sobria y obsesiva escritura, mientras que al de Cernuda lo afligen muchos rodeos y languideces. No importa: el mismo mito —la estatua pagana, una enterrada y la otra caída en el mar— ilumina con su luz nefasta los dos relatos. *Cave amantem.*

Aunque la historia poética de Cernuda está en relación con su evolución literaria e intelectual, la coincidencia no es perfecta. La influencia del surrealismo francés describe un arco que va de 1927 a 1933 y que comprende tres libros: *Un río un amor* (1929), *Los placeres prohibidos* (1931) y *Donde habite el olvido* (1933). Tras un breve respiro, comienza otro período, en 1934, en el que es central el descubrimiento de Holderlin, al que debería suceder, más tarde, el de Leopardi. Un poco antes, como otros poetas de su generación, aunque con efectos distintos, había leído a Bécquer con fervor y provecho, según puede verse en los intensos poemas de *Donde habite el olvido*. Al mismo tiempo, Bécquer influye en su nueva visión de Andalucía. En ella se confunden lo vivido con lo soñado y ambos con la lectura de algunas novelas y libros de viaje de varios románticos, casi todos franceses. Años después, en Inglaterra, hubo otro cambio en su gusto y en su estética, el final y definitivo: la poesía inglesa, sobre todo Eliot entre los modernos y Browning entre los del siglo pasado. Pero durante unos años, de 1934 a 1940, es constante la presencia, en su prosa y en sus juicios literarios, de ciertos franceses del XIX, al lado de Gide y Proust. He aludido a Nerval, Gautier y Mérimée; ahora añado la prosa de Baudelaire, no sólo la del ensayista sino la del autor de *La Fanfarlo*, que recuerda a veces a *Sombras en el salón*. Pues bien, a este período intermedio, que en su poesía corresponde a la influencia de Holderlin y Leopardi, pertenecen las narraciones y la pieza de teatro.

Después de esta digresión vuelvo a *La familia interrumpida* y al silencio que la rodeó cerca de medio siglo. Mi olvido, por más extraño que parezca, no fue único. Lo compartió el mismo Cernuda: ¿cómo se explica que después de aquella carta de septiembre de 1942 no haya vuelto a hablarme del asunto, incluso para pedirme que destruyese el manuscrito o que se lo devolviese? No menos extraño fue el olvido de sus amigos y de los estudiosos de su obra. Sólo hasta hace poco empezó a recordarse, vagamente, la existencia de una comedia perdida. El primero que aludió a la pieza fue Víctor Cortezo, en un artículo de 1974, que he podido leer gracias a James Valender, en el que recuerda los días de Valencia en 1937, la representación de *Mariana Pineda* y habla de una carta de 1938 en la que Cernuda le dice que tiene «el borrador de una comedia en dos actos». Un año después Jenaro Talens, en su libro *El espacio y la máscara* (1975), indica que Juan Gil-Albert le contó que Cernuda les había leído a él y a Concha Albornoz, en 1938, en Barcelona, una comedia. Gil-Albert recordaba, a medias, el título de la obra: *El reloj* (en realidad: *El relojero*) pero había olvidado su tema «e ignoraba lo que hubiera sido de ella, ya que ni siquiera el propio Cernuda la mencionó posteriormente en sus cartas». La información más clara y precisa aparece en un interesante e inteligente artículo de German Bleiberg, publicado en *Revista de Occidente* (Tercera época, núm. 19, mayo de 1977) y que he podido leer (¡de nuevo!) por Valender. El testimonio de Bleiberg es precioso entre todos: Cernuda leyó ante un grupo de amigos, a fines de 1937, en la Alianza de Intelectuales de Madrid, una comedia titulada *El relojero o la familia interrumpida*. No cita los nombres de las personas que escucharon la lectura pero supongo que entre ellas se encontraban Alberti y su mujer, Serrano Plaja, Ontañón, Aparicio y algunos otros. Con admirable claridad Bleiberg recuerda el asunto de la comedia aunque al reconstruirla comete dos o tres pequeñas infidelidades, como introducir un hijo y borrar el conflicto entre la madre y la hija.

Bleiberg también se sorprende ante su olvido: «en mi correspondencia con Cernuda, bastante regular y hasta copiosa entre 1948 y 1951, nunca se me ocurrió preguntar por la comedia. Tal vez entonces ni yo mismo me acordaba de ella». Pero ¿y el silencio de Cernuda? Sobre esto Bleiberg no dice nada. En cambio, señala que nadie entre los amigos y los conocedores de la obra del poeta le dio noticia alguna de la obra. Este olvido general hace pensar en un maleficio del género del que relata Mérimée en *La Venus d'Ille* y Cernuda en *El indolente*. Todo esto es asombroso pues no sólo era conocida la existencia de la comedia por las cartas de Cernuda de esos años sino que, además, vivían muchos que habían asistido a las lecturas de Madrid y Barcelona o la habían tenido bajo sus ojos: Alberti, María Teresa León, German Bleiberg, Juan Gil-Albert, Concha Albornoz, José Bergamín, yo mismo —y no sé cuántos más.

Otra circunstancia curiosa: durante esos años Cernuda se muestra muy interesado en el teatro. En 1937 escribe dos artículos, uno en el que esboza la posibilidad de que brote un nuevo teatro, escrito precisamente por los poetas que llamaban entonces, despectivamente, «artistas de minorías» y otro cuyo título es ya un programa: *Un posible repertorio teatral*. Ese mismo año colabora con Altolaguirre en la representación de *Mariana Pineda* y traduce *Ubu Roi* de Jarry, como años antes había traducido el teatro de Mérimée y más tarde traduciría *Troilo y Crésida* de Shakespeare. Su afición era indudable y quizá, si hubiera contado con lo que a casi todos nos ha faltado en nuestros países: una escena, habría escrito más obras de teatro. No lo lamento demasiado: su vocación se expresó, guiado por el ejemplo de Robert Browning, en el poema dramático.

Al llegar a este punto debo hacer la distinción a que aludí más arriba: a pesar de pertenecer al mismo período y de obedecer al mismo gusto, hay diferencias esenciales entre los relatos y *La familia interrumpida*. La primera atañe a la construcción: la de los relatos es deshilvanada mientras que la de la comedia es sólida, bien trabada y económica. La obra cumple con la primera condición del teatro: no es poesía verbal sino poesía de la acción. La segunda se refiere a la aparición del habla coloquial. A la inversa de lo que ocurre en las narraciones, el lenguaje de *La familia interrumpida* no es literario; Cernuda logró ser sobrio y procuró, con fortuna desigual, reproducir el habla provinciana. Bleiberg apunta la influencia de los Álvarez Quintero. A pesar de que en el artículo de 1937 sobre el teatro dice: «no profeso gran predilección por las obras de los señores Benavente y Álvarez Quintero», no es imposible que se haya inspirado en ellos, como más tarde intentaría reivindicar a Campoamor. El lenguaje de *La familia interrumpida* es familiar y, no obstante, carece de fluidez. Es lenguaje *escrito*. A Cernuda le faltó siempre naturalidad ante el habla popular. La tercera diferencia es la esencial: en las narraciones el personaje central es el mismo Cernuda mientras que en la comedia el autor felizmente desaparece. No sus ideas, que son poderosas: su biografía, sus manías, sus nostalgias y sus tics. *La familia interrumpida* es realmente una obra, no un fragmento ni un boceto como sucede con los relatos.

El tema de la comedia es el mismo de muchos de sus poemas: el orden y la pasión. El orden son las instituciones, los sistemas, la moral pública: el reloj implacable que regula nuestras vidas. Un viejo relojero maniático y un poco chocho le da cuerda desde el comienzo del tiempo. El relojero es el Padre de Familia, el Padre del Pueblo y Dios Padre: tres en uno. Pero el subsuelo de la relojería está siempre en ebullición y a veces hay terribles erupciones. El subsuelo es el dominio de las pasiones y de los instintos, el reino de la sangre y del sexo. Para Bleiberg la comedia es una respuesta del poeta a la España de 1937: está con la República pero no con sus relojeros. No estoy muy seguro. La comedia es una exaltación de la pasión erótica —la mujer, el joven, la hija, la criada— y una sátira de la familia y su moral. La institución familiar estuvo sometida durante toda la primera mitad del siglo a un ataque incesante y feroz. La poesía moderna, especialmente la francesa, de Jarry a los surrealistas, le declaró la guerra en nombre de la insurrección de los instintos y del amor en libertad. Los novelistas no fueron menos encarnizados y en la comedia de Cernuda hay más de un eco de la célebre frase de Gide: *Famille, je vous hais.* Hoy la familia es una fortaleza medio desmoronada. No causaron su ruina las flechas incendiarias de los poetas ni las catapultas de los moralistas libertarios; su maltrecho estado actual es una imagen de los desastres morales, políticos y demográficos de nuestro siglo. Años después de haber escrito *La familia interrumpida*, Cernuda volvió al tema. Su cólera había cesado, no su distancia. Invoca a las sombras familiares y les ofrece, ya que no reconciliación, perdón mutuo:

No prevalezcan las puertas del infierno
Sobre vosotros ni vuestras obras de la carne...

México, 1985

ARTE E IDENTIDAD

(LOS HISPANOS DE LOS ESTADOS UNIDOS) [1]

Nombres y constituciones

Nuestra experiencia más antigua, en la ceguera del principio, es una sensación de súbita desgajadura. Expulsados de un todo que nos envolvía, abrimos los ojos por primera vez en un ámbito extraño, indiferente. Nacer es una caída lo mismo en el sentido fisiológico que en el metafísico; por esto, para los psicólogos, nacer es un trauma y, para los cristianos, la reiteración de la Caída original. A la sensación de desamparo se alía la de haber sido arrancados de una realidad más vasta. Es lo que llamaba el teólogo Shleiermarcher el sentimiento de la dependencia original, fundamento de la religión cristiana y, quizá, de todas las otras. Las dos notas, de caída y comunión, o en términos menos cargados de teología: participación y separación, están presentes a lo largo de nuestras vidas. Nacen y mueren con nosotros. Una vive en función de la otra, en discordia permanente y en perpetua busca de reconciliación. Cada vida humana es el continuo tejer, destejer y volver a tejer los lazos del comienzo. La experiencia original, separación y

1. ¿Cómo llamar a las distintas comunidades hispanoamericanas que viven en los Estados Unidos: chicanos, portorriqueños, cubanos, centroamericanos, etc.? Me parece que el término más usado: *hispanos*, los abarca a todos en su compleja unidad.

participación, aparece en todos nuestros actos a través de variaciones innumerables.

Vivimos dentro de círculos concéntricos, sucesivos y cada vez más dilatados: familia, barrio, iglesia, colegio, trabajo, club, partido, ciudad, nación. El sentimiento de pertenecer a esta o aquella realidad colectiva es anterior al nombre y a la idea: primero *somos* de una familia, después *sabemos* el nombre de esa familia y, más tarde, llegamos a tener una idea, más o menos vaga, de lo que es y significa la familia. Lo mismo sucede con el sentimiento de separación y soledad. Al crecer, descubrimos nuevos nombres y realidades; cada nombre designa comunidades, grupos y asociaciones más y más amplios y evanescentes: podemos ver a nuestra familia, hablar con ella, pero sólo de una manera figurada podemos ver y hablar con nuestra nación o con la congregación de fieles de nuestra Iglesia. Todos los nombres de esas distintas comunidades aluden, obscuramente, al sentimiento original; todos ellos son extensiones, prolongaciones o reflejos del instante del comienzo. Familia, clan, tribu o nación son metáforas del nombre del primer día. ¿Cuál es ese nombre? Nadie lo sabe. Quizá es una realidad sin nombre. El silencio cubre la realidad original, el instante en que abrimos los ojos en un mundo ajeno. Al nacer perdimos el nombre de nuestra verdadera patria. Los nombres que decimos con ansia de posesión y participación —*mi* familia, *mi* patria— recubren un hueco sin nombre y que se confunde con nuestro nacimiento.

El doble sentimiento de participación/separación aparece en todas las sociedades y en todos los tiempos. El amor que profesamos a la familia y a la casa, la fidelidad a los amigos y a los correligionarios, la lealtad a nuestro partido y a nuestra patria, son afectos que vienen del comienzo, reiteraciones y variaciones de la situación primera. Son la cifra de nuestra condición original, que no es simple sino dual, compuesta de dos términos antagónicos e inseparables: fusión y desmembración. Éste es el principio constitutivo de cada vida humana y el núcleo de todas nuestras pasiones, sentimientos y acciones. Es un principio anterior a la conciencia y a la razón pero es, asimismo, el origen de ambas. Entre sentirse y saberse separado hay apenas un paso; todos damos ese paso y así llegamos a la conciencia de nosotros mismos. El nombre del origen —desconocido, oculto o inexistente— se transforma en un nombre individual: yo soy Pedro, Teresa, Juan, Elvira. Nuestros nombres son la metáfora del nombre perdido al nacer.

El proceso se repite en la vida de todas las sociedades, desde el paleolítico a nuestros días. Primero es el sentimiento colectivo de pertenecer a esta o aquella comunidad, un sentimiento compartido con mayor o menor fervor por todos sus miembros; en seguida, el sentimiento de la diferencia de nuestro grupo frente a otros grupos humanos; después, el sentirnos diferentes de los otros nos lleva a la conciencia de ser lo que somos; la conciencia, en fin, se expresa en el acto de nombrar. El nombre del grupo reproduce de nuevo el principio dual que nos constituye: es el nombre de una identidad colectiva hecha de semejanzas internas y diferencias con los extraños. La inmensa diversidad de sociedades, sus distintas historias y la riqueza y pluralidad de las culturas no impide la universalidad del proceso. En todas partes el fenómeno ha sido substancialmente el mismo, trátese de las aldeas del neolítico, de la Polis griega, de las repúblicas del Renacimiento o de las bandas de cazadores de cabezas en la jungla. El nombre refuerza los vínculos que nos atan al grupo y, al mismo tiempo, justifica su existencia y le otorga un valor. En el nombre está en cifra el destino del grupo pues designa, simultáneamente, una realidad, una idea y un conjunto de valores.

Dar un nombre a una comunidad no significa inventarla sino reconocerla. En las sociedades modernas predomina la creencia de que las constituciones fundan a las naciones. Es una herencia del pensamiento político de los griegos, que casi siempre identificaron al ser con la razón. Pero la razón, es decir, la constitución, no es constituyente: la sociedad es anterior; las constituciones edifican sus principios sobre una realidad dada, la de los pueblos. Cierto, es impensable una sociedad sin leyes y reglas, cualesquiera que éstas sean. Pero esas reglas no son principios anteriores a la sociedad sino costumbres ancestrales, es decir, normas consubstanciales a la sociedad. La sociedad *es* sus costumbres, sus ritos, sus reglas. Por esto la invención de las constituciones en la Grecia antigua —mejor dicho la invención de la *idea* de constitución— fue el comienzo de la historia como libertad: la ruptura de la costumbre inconsciente y heredada por un acto de la conciencia colectiva.

La promulgación de una constitución es, simultáneamente, una ficción y la consagración de un pacto. Lo primero porque la constitución pretende ser el acta declaratoria del comienzo, la fe de bautismo de la sociedad; se trata de una ficción pues es claro que la sociedad es anterior a esa declaración de nacimiento. Al mismo tiempo, la ficción se transforma en pacto y así, como ficción, desaparece: el pacto constitucional cambia la costumbre en norma. Mediante la constitución los lazos tradicionales e inconscientes —costumbres, ritos, reglas, prohibiciones, franquicias, jerarquías— se convierten en leyes voluntaria y libremente aceptadas. El doble principio original —el sentimiento de separación y participación— reaparece en el pacto constitucional pero transfigurado: no es ya un destino sino una libertad. La fatalidad de nacer se convierte en acto libre.

La historia de las sociedades modernas, primero en Occidente y después en todo el mundo, es en buena parte la historia de la íntima asociación entre las distintas constituciones y la idea de nación. Digo *idea* porque, como ya dije, es evidente que la realidad que llamamos nación es anterior a su idea. No es fácil determinar qué es una nación ni cómo y cuándo nacen las naciones. Sobre estos temas todavía se discute sin cesar desde que apareció la filosofía política en Grecia. Pero la realidad que designa el nombre *nación* no necesita prueba alguna para ser percibida. Antes de ser una idea política, la nación ha sido, y es todavía, un sentimiento muy profundo y elemental: el de participación. La naturaleza, decía Herder, ha creado a las naciones, no a los estados. Con esto quería decir, sin duda, que las naciones son creaciones más o menos involuntarias de complejos procesos que él llamaba naturales y nosotros históricos. Los ingleses, los franceses y los otros pueblos europeos fueron naciones antes de saber que lo eran; cuando lo supieron y combinaron la idea de nación con la idea de estado, comenzó el mundo moderno. En general, con las naturales diferencias de cada caso, el proceso ha sido semejante en todas las naciones europeas y, después, en los otros continentes.

La idea de nación, convertida en una de las ideologías de la era moderna, ha suplantado con frecuencia a la realidad histórica. Por una curiosa confusión se ha visto un símbolo patriótico de Francia en el jefe galo Vercingetorix, en la pintura rupestre de Altamira el comienzo de la historia de arte de España y en la independencia de México, en 1821, no el nacimiento sino la restauración de la nación. Según la interpretación oficial de nuestra historia, México *recobró*, en 1821, la independencia que había *perdido* cuando Cortés conquistó, en 1521, México Tenochtitlan, la ciudad-estado azteca. Los ejemplos que he mencionado casi al azar —hay de sobra para escoger— ilustran la moderna y peligrosa confusión entre realidad e ideología. Agrego que la confusión, además de ser general y peligrosa, es explicable. Era natural, por ejemplo, que el sentimiento de participación, exagerado después de la lucha por la independencia (separación) de España, se hubiese expresado en una desmesura cronológica teñida de pasión ideológica: la nación existía desde hacía muchos siglos, fue secuestrada y el pacto constitucional la restauraba en su realidad primera. Para esta versión romántica de nuestra historia, compartida todavía por muchos, la independencia de México no fue un comienzo sino la vuelta al comienzo. En casi todas las revoluciones modernas se encuentra la misma idea: los movimientos revolucionarios *restauran* antiguas libertades y derechos perdidos. Así se combina la vieja idea de la vuelta a la edad primera con la moderna de un comienzo absoluto. Bodas impuras del mito y la filosofía política.

Hijos de la Idea

El proceso ha sido universal: la nación es hija de la historia, no de la idea. Pero hay excepciones. La más notable ha sido la de los Estados Unidos. Los ingleses o los franceses descubrieron un día que eran ingleses o franceses; los norteamericanos decidieron inventarse a sí mismos. Su nación no nació del juego de impersonales fuerzas históricas sino de un acto político deliberado. No descubrieron un buen día que eran norteamericanos: decidieron serlo. No los fundó un pasado: se fundaron a sí mismos. Exagero pero no demasiado. Es claro que en el nacimiento de los Estados Unidos, como en todo lo que sucede en la historia, concurrieron muchas circunstancias que, al combinarse, produjeron la sociedad norteamericana; lo que me parece asombroso y digno de meditarse es el lugar destacado y central que ocupa, entre todas esas circunstancias, la voluntad política de crear una nueva nación. Con frecuencia se habla de la inmensa novedad histórica que representan los Estados Unidos. Pocos se han preguntado en qué consiste esa novedad. Casi todo lo que son los Estados Unidos comenzó en Europa. No sólo es un país hecho por inmigrantes y sus descendientes; también vinieron de Europa las ideas y las instituciones, la religión y la democracia, la lengua y la ciencia, el capitalismo y el individualismo. Pero en ninguna otra parte del mundo un país ha nacido por un acto deliberado de autofundación. Fue un país nuevo en un sentido incluso polémico: quiso ser distinto a los demás, distinto a las otras naciones creadas por la historia. Su novedad fue radical, antihistórica. La independencia de los Estados Unidos no fue la restauración de un pasado más o menos mítico sino un auténtico nacimiento. No una vuelta al origen: un verdadero comienzo.

La aparición de los Estados Unidos fue una inversión del proceso histórico normal: antes de ser realmente una nación fue un proyecto de nación. No una realidad sino una idea: la Constitución. Los norteamericanos no son los hijos de una historia: son el comienzo de *otra* historia. No se definen, como los otros pueblos, por su origen sino por lo que serán. El «genio de los pueblos», esa expresión que amaron tanto los historiadores románticos, fue concebido siempre como una suma de rasgos heredados; en cambio, el carácter de los Estados Unidos es no tener carácter y su singularidad consiste en su ausencia de particularidades nacionales. Fue un acto de violencia contra la historia: una tentativa por crear una nación *fuera* de la historia. Su piedra de fundación fue el futuro, territorio aún más desconocido e inexplorado que la tierra americana en la que se plantaron.

Comienzo total frente y contra la historia, personificada en el pasado europeo con sus particularismos, sus jerarquías y sus viejas instituciones inertes. Es comprensible la fascinación de Tocqueville, el primero en darse cuenta de que la aparición de los Estados Unidos en la escena mundial significaba una tentativa única por vencer a la fatalidad histórica. De ahí su negación del pasado y su apuesta por el futuro. Cierto, nadie escapa a la historia y hoy los Estados Unidos no son, como se habían propuesto los «padres fundadores», una nación fuera de la historia sino atada a ella por los lazos más férreos: los de una superpotencia mundial. Pero lo decisivo fue el acto del comienzo: la autofundación. Este acto inaugura *otra* manera de hacer la historia. Todo lo que los norteamericanos han hecho después, dentro y fuera de sus fronteras, bueno y malo, ha sido consecuencia y efecto de este acto inaugural.

Aludí antes a la ausencia de particularismos nacionales. No quise decir, por supuesto, que no existiesen realmente. Quise subrayar que el proyecto de los fundadores de los Estados Unidos no consistió en el reconocimiento del genio del pueblo, la idiosincrasia colectiva o el carácter único de la tradición nacional, como en otras partes, sino en la proclamación de un conjunto de derechos y obligaciones de orden universal. Los Estados Unidos fundaron su nación no en un particularismo sino en dos ideas universales: una, cristiana, que consagra la santidad de cada persona, considerada única e irreemplazable; otra, que viene de la Ilustración, que afirma la primacía de la razón. El sujeto de los derechos y los deberes es la persona, en cuyo interior la conciencia dialoga consigo misma y con Dios: herencia protestante; a su vez, esos derechos y esas obligaciones poseen la universalidad y legitimidad de la razón: herencia del siglo XVIII. La preeminencia del futuro tiene la misma raíz que el optimismo racionalista de la Ilustración. El pasado es el dominio de lo particular mientras que el futuro es el reino de la razón. ¿Por qué? Por ser ese territorio incógnito, ese *no man's land*, que explora y coloniza el progreso. A su vez, el progreso no es sino la forma en que se manifiesta la razón en la historia. El progreso, para el siglo XIX, fue la razón en movimiento. El pragmatismo y el activismo norteamericano son inseparables del optimismo progresista. El fundamento de esa actitud es la fe en la razón. En suma, puede verse el nacimiento de los Estados Unidos como un fenómeno único pero, asimismo y sin contradicción, como una consecuencia de los dos grandes movimientos que iniciaron la era moderna: la Reforma y la Ilustración.

La nueva universalidad se expresó en tres emblemas: una lengua, un libro y una ley. La lengua fue el inglés, el libro la Biblia y la ley la Constitución. Extraña universalidad: no falsa sino paradójica y contradictoria. Fue una universalidad minada interiormente por los tres emblemas que la expresaban. El inglés es una lengua universal pero lo es por ser una versión singular de la cultura de Occidente. En los Estados Unidos tuvo que responder a una doble exigencia: ser fiel a la tradición inglesa y expresar la nueva realidad americana. El resultado fue una continua y estimulante tensión; gracias a esa tensión la literatura norteamericana existe y tiene un carácter único. La Biblia, por su parte, simboliza la escisión protestante y representa una versión singular del cristianismo. Ninguna de las iglesias en que se ha dividido el movimiento reformista ha podido reconstruir la universalidad original. Lo mismo hay que decir de la Constitución: los principios que la inspiran no son intemporales como un axioma o un teorema sino expresiones de un momento de la filosofía política de Occidente. Triple contradicción: fue una universalidad que, para realizarse, tuvo que enfrentarse con un particularismo y, al fin, identificarse con él; fue un conjunto de creencias que, dentro de la tradición más vasta de Occidente, pueden verse como versiones e interpretaciones de la doctrina central; fueron, en fin, unas normas políticas y morales que expresaron las convicciones y los ideales de un grupo étnico, lingüístico y cultural determinado: los angloamericanos (WASP).

Al tropezar con los particularismos, los Estados Unidos descubrieron a la historia. Los particularismos asumieron muchas formas pero dos de ellas, a mi juicio, fueron especialmente significativas: las relaciones con el mundo exterior y las inmigraciones. Dos expresiones de la extrañeza. En otros escritos me he ocupado con alguna extensión de la primera. En cuanto a la segunda: apenas si necesito recordar que ha sido y es, desde hace dos siglos, uno de los temas centrales de la historia de los Estados Unidos. Las inmigraciones han sido, unas, forzadas como las de los negros traídos de África; otras voluntarias: las de los europeos, asiáticos y latinoamericanos. Desde hace ya bastante tiempo predomina en los Estados Unidos una extraordinaria pluralidad de grupos étnicos y culturales. Otros imperios han conocido esta heterogeneidad —Roma, el Califato, España, Portugal, Inglaterra— pero casi siempre fuera de las fronteras metropolitanas, en las provincias lejanas y en los territorios sometidos. No creo que haya ejemplos en la historia de una heterogeneidad semejante en el interior de un país. De una manera sucinta pero no inexacta la situación puede reducirse a esta disyuntiva: si los Estados Unidos no construyen una democracia multirracial, su integridad y su vida estarán expuestas a graves amenazas y terribles conflictos. Por fortuna, aunque no sin tropiezos y titubeos, el pueblo norteamericano ha escogido el primer término. Si lo consigue, habrá realizado una obra sin paralelo en la historia.

Para resolver este problema los norteamericanos han acudido en un momento o en otro a casi todas las soluciones intentadas por otros países e imperios. El repertorio es extenso y desalentador. El remedio más antiguo —fuera de la exterminación pura y simple— es la exclusión. Fue la solución de Esparta. Es inaplicable en el mundo moderno: no sólo está en contradicción con nuestras instituciones y con nuestras convicciones éticas y políticas, sino que implica una imposible inmovilidad demográfica. El ejemplo de Inglaterra y de otros imperios modernos tampoco es utilizable: las poblaciones extrañas no están fuera sino dentro del territorio nacional. Imposible también imitar la política de la China imperial: la homogeneización. Otra solución notable ha sido el sistema de castas de la India, que ha durado más de dos milenios; se basa en ideas ajenas a nuestra civilización. España y Portugal ofrecen un modelo intermedio entre la exclusión y la absorción: los dos imperios estaban fundados en la universalidad de la fe católica (participación) y en las jerarquías de la sangre y el origen (separación). El modelo romano es un antecedente valioso: Roma otorgó la ciudadanía a los súbditos del imperio. Fue mucho para su tiempo pero hoy no es suficiente. En verdad, la única solución duradera y viable es la escogida por los Estados Unidos: la integración dentro de la pluralidad. Un universalismo que no niegue ni ignore los particularismos que lo componen. Una sociedad que reconcilie las dos direcciones antagónicas del sentimiento original: la separación y la participación.

Guadalupe, Coatlicue, Yemayá

Por su número, la minoría hispana de los Estados Unidos es la segunda en el país. Por su composición étnica y su cultura, es un mundo aparte. Lo primero que sorprende es la diversidad étnica —españoles, indios, negros, mestizos, mulatos— en violento y acusado contraste con la homogeneidad cultural. Este rasgo los distingue de la otra gran minoría, la negra. Mientras la cultura de origen está viva entre los hispanos, las raíces de las culturas africanas se han secado casi íntegramente en las comunidades negras de los Estados Unidos. Esas culturas, por lo demás, no eran homogéneas y de ahí que, para referirse a ellas, se use el plural. Las diferencias con las minorías asiáticas no son menos notables: lengua, religión, costumbres, pasado. La minoría asiática se subdivide en una gran variedad de lenguas, culturas, religiones, naciones; los hispanos son católicos en su mayoría, el español es su lengua de origen y su cultura, esencialmente, no es distinta a la de los otros hispanoamericanos. Por la historia y la cultura, los hispanos católicos son una prolongación en América de esa versión de Occidente que encarnaron España y Portugal como, en el otro extremo, los angloamericanos lo han sido de la versión inglesa. Este hecho se acepta siempre con dificultad porque los europeos y los norteamericanos, desde el siglo XVIII, han visto por encima del hombro a los españoles, a los portugueses y a sus descendientes. Sin embargo, aceptarlo no significa cerrar los ojos ante las diferencias: son grandes y substanciales.

La minoría hispánica representa, en los Estados Unidos, una variante de la civilización de Occidente. Esa variante no es menos excéntrica que la angloamericana. Ambas son excéntricas porque las naciones fundadoras —España, Portugal e Inglaterra— han sido entidades fronterizas, casi periféricas, no sólo en el sentido geográfico sino en el histórico y aun en el cultural. Han sido singularidades en la historia de Europa. Una isla y una península: tierras de fin de mundo. Los latinoamericanos y los angloamericanos somos herederos de dos movimientos extremos y antagónicos que, durante los siglos XVI y XVII, se disputaron la supremacía no sólo de los mares y de los continentes sino de las conciencias. Las dos colectividades nacieron como transplantes europeos en América; los transplantes fueron hechos por pueblos distintos, con ideas contrarias e intereses divergentes. Nos fundaron dos versiones de la civilización de Occidente. La versión inglesa y holandesa estaba impregnada por el espíritu de la Reforma, con la que se inicia la edad moderna; la versión española y portuguesa se identificó con la Contrarreforma. Los historiadores discuten todavía el sentido de este movimiento. Para unos, fue una tentativa por detener a la modernidad naciente; para otros, fue un intento por inventar un modelo distinto de modernidad. Haya sido lo uno o lo otro, la Contrarreforma fue una empresa fallida. Nosotros, los latinoamericanos, somos los descendientes de un sueño petrificado. Los hispanos de los Estados Unidos son un fragmento de ese sueño, caído en el mundo angloamericano. No sé si son semillas de resurrección arrojadas por un vendaval o los sobrevivientes de un inmenso naufragio histórico. Sean lo que sean, están vivos. Su cultura es antigua pero ellos son nuevos. Son un comienzo.

La excentricidad de la cultura hispánica no se reduce a la Contrarreforma y a su negación de la modernidad. España es incomprensible si se omiten dos elementos esenciales de su formación: los árabes y los judíos. Sin ellos no podemos entender muchos rasgos de su historia y su cultura, de la Conquista de América a la poesía mística. Una cultura no se define sólo por sus actos sino por sus omisiones, lagunas y represiones; entre estas últimas, en el caso de España, están la expulsión de los moriscos y la de los judíos. Fue una automutilación que, como todas, engendró muchos fantasmas y obsesiones. No es menos compleja nuestra otra herencia, la india y la negra. También en ella abundan los fantasmas terribles: la conquista, la esclavitud, la servidumbre, los idiomas, los mitos y los dioses perdidos.

Aparte de esta complejidad étnica y cultural, los grupos hispánicos de los Estados Unidos pertenecen a países distintos. En un extremo, la población mexicana, originaria de un país en el que la realidad inmediata son las montañas y las grandes planicies. Una población que tradicionalmente ha vivido de espaldas al mar. En el otro extremo, los portorriqueños y los cubanos, isleños que no conocen más llanura que la del mar. Entre los mexicanos —ceremoniosos, callados, introvertidos, religiosos y violentos— la herencia india es determinante; entre los cubanos y los portorriqueños —extravertidos, bullangueros, efusivos, vivaces y, también, violentos— la influencia negra es visible. Dos temperamentos, dos visiones, dos sociedades dentro de una misma cultura.

La diversidad étnica, geográfica y psicológica se extiende a otros dominios. La mayoría de la población mexicana es de origen campesino. Los más antiguos son los descendientes de los antiguos pobladores del sur de los Estados Unidos, establecidos en esas tierras cuando eran mexicanas; los otros, los más numerosos, han llegado en sucesivas oleadas durante todo el siglo XX. México es un país antiguo y lo más antiguo de México son sus campesinos: fueron contemporáneos del nacimiento de las primeras culturas americanas, hace tres mil años; desde entonces han sobrevivido a inmensos trastornos, varias divinidades y distintos regímenes. Son también los autores de una extraña y fascinante creación: el catolicismo mexicano, esa síntesis imaginativa del cristianismo del siglo XVI y las religiones ritualistas precolombinas. Profundamente religiosos, tradicionalistas, tenaces, pacientes, sufridos, comunitarios, inmersos en un tiempo lento hecho de repeticiones rítmicas, ¿cómo no comprender su desconcierto y sus dificultades para adaptarse a los modos de vida de los Estados Unidos y a su frenético individualismo? Choque de dos sensibilidades y dos visiones del tiempo, ¿cuál será el resultado final de este encuentro?

El caso de los cubanos es el opuesto. Es una inmigración nueva que salió de Cuba expulsada por el régimen de Castro y que pertenece en su mayoría a la clase media: abogados, médicos, comerciantes, técnicos, profesores, ingenieros. No han tenido que dar el salto a la modernidad: ya eran modernos. Ésta es una de las razones de su rápida y afortunada inserción en la vida norteamericana. Las otras son su inmensa vitalidad, su despierta inteligencia, su acometividad, su capacidad de trabajo. Comparar a los cubanos con los portorriqueños es injusto; la inmigración cubana tuvo desde el principio una ventaja de la que han carecido muchos portorriqueños: una cultura moderna. Sin embargo, los logros de los portorriqueños no son desdeñables y hay uno en verdad extraordinario y que todos deberíamos admirar: no sólo han conservado su fisonomía nacional sino que han revitalizado su cultura.

Las diferencias que imponen la geografía, la sangre y la clase son también diferencias de tiempos históricos: el campesino de Oaxaca que ha emigrado a los Estados Unidos no viene del mismo siglo que el periodista de La Habana o el obrero de San Juan. Pero algo los une: son los expulsados de la historia. Los mexicanos pertenecen a una tierra sobre la que diferentes civilizaciones han levantado pirámides, templos, palacios y otras admirables construcciones pero que no ha podido, en este siglo, albergar a todos sus hijos; los cubanos y los portorriqueños —fragmentos de un gran imperio desmembrado: el español— han sido el objeto de la expansión imperial norteamericana. Los otros grupos de hispanos procedentes de la América Central y de otras regiones de Sudamérica son también fugitivos de la historia. Los latinoamericanos no hemos podido crear todavía sociedades democráticas, estables y prósperas.

Por más terribles y poderosos que hayan sido los motivos que los obligaron a dejar sus países, los hispanos no han roto los lazos con sus lugares de origen. Apenas Castro permitió que los exiliados pudiesen

visitar a sus familias y parientes de Cuba, la isla se
llenó de visitantes de Miami y de otras partes. Lo
mismo ocurre con las comunidades portorriqueñas y
chicanas. En el norte de México y en el sur de los
Estados Unidos hay ya una subcultura que es una
mezcla de rasgos mexicanos y norteamericanos. La
cercanía geográfica ha favorecido el intercambio y,
asimismo, ha fortalecido los vínculos de las comunidades hispánicas con su suelo natal. Éste es un hecho
preñado de futuro: la comunicación entre la minoría
hispana y las naciones latinoamericanas ha sido y es
continua. No es previsible que se rompa. Es una verdadera comunidad, no étnica ni política sino cultural.

En suma, lo que me parece notable no es la diversidad de los grupos hispanos y sus diferencias sino
su extraordinaria cohesión. Esta cohesión no se expresa en formas políticas pero sí en conductas y actitudes colectivas. La sociedad norteamericana está
fundada sobre el individuo. El origen de la preeminencia del individuo como valor central es doble, según señalé: viene de la Reforma y de la Ilustración.
La sociedad hispano-católica es comunitaria y su núcleo es la familia, pequeño sistema solar que gira
alrededor de un astro fijo: la madre. No es accidental la función cardinal de la imagen materna en la
sociedad latinoamericana: en su figura confluyen las
viejas divinidades femeninas del Mediterráneo y las
vírgenes cristianas, las diosas precolombinas y las
africanas: Isis y María, Coatlicue y Yemayá.[2] Eje del
mundo, rueda del tiempo, centro del movimiento,
imán de la reconciliación, la madre es fuente de vida
y depósito de las creencias religiosas y de los valores
tradicionales.

Los valores hispano-católicos expresan una visión
de la vida muy alejada de la que prevalece en la

2. Venerada en Cuba como la Virgen del Cobre y en Brasil como
Santa Bárbara.

sociedad norteamericana, en la que la religión es sobre todo un asunto privado. La separación entre lo público y lo privado, la familia y el individuo, es menos clara y tajante entre los hispanos que entre los angloamericanos. Los fundamentos de la ética son semejantes para unos y otros: ambos comparten la herencia cristiana. Sin embargo, las diferencias son capitales: en las dos versiones de la ética angloamericana, la puritana y la neohedonista, la prohibitiva y la permisiva, el centro es el individuo mientras que la familia es el protagonista verdadero en la moral hispánica. La primacía de la familia no tiene sólo efectos benéficos: la familia es hostil por principio al bien común y al interés general. La moral familiar ha sido y es adversa a las acciones generosas y desinteresadas (recuérdese la condenación evangélica). La raíz de nuestra apatía y pasividad en materia política, así como del patrimonialismo de nuestros gobernantes —con su cauda de nepotismo y corrupción—, está en el egoísmo y en la estrechez de miras de la familia. Además, precisamente porque el individuo goza de menos espacio para desplegarse, la acción individual se manifiesta muchas veces en dos direcciones igualmente perniciosas: el orden cerrado y la ruptura violenta. Cohesión y dispersión: el patriarca y el hijo pródigo, Abraham y Don Juan, el caudillo y el francotirador solitario.

La continuidad de los modelos tradicionales de convivencia no se explica únicamente, claro está, por la fidelidad a la cultura propia y por la influencia de la familia. Las persecuciones, el trato desigual, las humillaciones y las diarias injusticias han sido también factores decisivos para fortificar la cohesión de las comunidades hispanas. Esto es particularmente cierto en los casos de las minorías portorriqueñas y mexicanas, víctimas constantes de la discriminación y de otras iniquidades. A estas circunstancias, hay que añadir otra igualmente poderosa, de orden económico: la dificultad para obtener una educación superior. Todo esto —cultura, tradición y cohesión comunitaria pero también discriminación— ha influido en las modalidades y logros del trabajo intelectual y artístico de estos grupos.

Los hispanos han sobresalido en la pintura, la música, la danza; en cambio, no han dado escritores de nota. No es difícil entender la razón. La lengua es el alma de un pueblo; para escribir obras de imaginación —poesía, novela, teatro— hay que cambiar de alma o cambiar el lenguaje en que se intenta escribir. Esto último fue lo que hicieron Melville, Whitman y los otros grandes escritores con el inglés: lo plantaron en América y lo cambiaron. El español Santayana escribió una prosa admirable por su transparencia y elegancia —una prosa, en el fondo, muy poco inglesa— pero tuvo que sacrificar en él al poeta. En cambio, en las artes visuales —pintura y escultura sobre todo— los hispanos se han expresado con energía y felicidad. No porque el genio de la comunidad sea visual y no verbal sino por lo que apunté más arriba. La imagen visual *dice* pero lo que dice no tiene por qué ser traducido en palabras. La pintura es un lenguaje que se basta a sí mismo.

Arte e identidad

La exposición de arte hispánico contemporáneo que presenta The Corcoran Gallery de Washington es una excelente ocasión para *oír* lo que dicen los artistas hispanos. Oírlos con los ojos y con la imaginación. Gracias al trabajo asiduo, la sensibilidad y la curiosidad inteligente de Jane Livingston y de sus colaboradores, ha sido posible reunir las obras de veinticinco artistas. Algunos ya gozaban de renombre pero otros, los más, no eran conocidos ni de la crítica ni del público. En este sentido, la exposición es un verdadero descubrimiento. No me propongo hablar de estos artistas: ni es la intención de estas páginas ni tengo autoridad para hacerlo. Creo, además, que es imposible, en un artículo como éste, juzgar con pertinencia a veinticinco artistas. Basta con leer las crónicas de Baudelaire y de Apollinaire sobre los «salones» de su época para darse cuenta de que nadie se escapa, ni siquiera los más grandes, de los vicios de ese género de escritos: las vaguedades corteses, las rápidas generalizaciones, las enumeraciones salpicadas de insulsos elogios y de perentorias condenaciones. En cambio, estos dos grandes poetas y críticos acertaron casi siempre cuando hablaron de artistas aislados de su predilección. La buena crítica nace de la simpatía y de una larga frecuentación con la obra que se juzga.

Aunque no puedo ni debo hablar de los artistas expositores, sí puedo arriesgar un parecer sobre la exposición: la selección ha sido exigente pero también acertada y el conjunto es rico y diverso. Al recorrerla, los ojos y el entendimiento del espectador recibirán más de una sorpresa: la exposición refleja una realidad viva, inquieta y en movimiento. La mayoría de estos artistas —a la inversa de la tendencia general en el arte contemporáneo— no pintan para «hacer una carrera» sino por una necesidad interior. Más claramente dicho: por la necesidad de afirmarse y expresarse ante una realidad que con frecuencia los ignora. Es imposible olvidar que muchas de estas obras han sido hechas lejos de los grandes centros artísticos del país, en el aislamiento, la pobreza y el desamparo. No, ésta no es una exposición de gente satisfecha con lo que ha encontrado sino de artistas en plena búsqueda.

Es lo contrario de una casualidad que la exposición se abra con los dibujos coloreados de Martín Ramírez. No es un precursor ni un predecesor: es un símbolo. Mientras vivió fue un perfecto desconocido y sólo fue descubierto diez años después de su muerte, en 1970. Ramírez nacio en 1885, en Jalisco. No se sabe en qué lugar, probablemente en un pueblo pequeño. Trabajó tal vez en el campo y más tarde en una lavandería; al despuntar el siglo, en plena Revolución de México, medio muerto de hambre, emigró a los Estados Unidos. Como tantos de sus compatriotas fue peón caminero en los ferrocarriles; dejó el trabajo porque empezó a sufrir ofuscaciones y alucinaciones. Aunque es difícil reconstruir sus idas y venidas, se sabe que hacia 1915 dejó de hablar, que vagó varios años sin dirección fija, a ratos trabajando y otros viviendo de la caridad pública, hasta que, en 1930, las autoridades de Los Ángeles lo recogieron en Pershing Square, un lugar de refugio de vagabundos y mendigos. El diagnóstico de los médicos fue sin esperanza: paranoico esquizofrénico incurable. Lo internaron en una institución estatal, el Hospital Dewitt, en donde vivió treinta años, hasta su muerte, en 1960.

Ramírez nunca recobró el habla pero hacia 1945 comenzó a dibujar y a colorear con lápiz sus composiciones. Decisión que es la cifra de su situación y la clave de su personalidad artística: renunció a la palabra pero no a expresarse. Dibujaba a espaldas de las autoridades pues los guardianes, para conservar limpias las salas, destruían las obras de los pacientes. Unos pocos años antes de su muerte tuvo la fortuna de ser descubierto por un psiquiatra que se convirtió en su ángel custodio, el Dr. Tarmo Pasto. Un día en que el profesor, acompañado de sus discípulos de la Universidad de Sacramento, visitaba el hospital, se le acercó Ramírez y le entregó un rollo de dibujos que llevaba escondido debajo de la camisa. Desde ese día el doctor lo vio con frecuencia y gracias a él tuvo papel en abundancia, lápices de colores y otros materiales. El médico comprendió inmediatamente, con rara perspicacia y aun más rara generosidad, que su paciente era un artista notable. Pasto coleccionó muchas obras de Ramírez y las dio a conocer a varios artistas, entre ellos a Jim Nutt y a su esposa Gladys Nilsson. Con otra amiga, Phyllis Kind, *art-dealer*, organizaron la primera exposición de Ramírez en Sacramento, a la que han seguido otras en Chicago, Nueva York, Londres y otras ciudades.

La tentación de ver en las obras de Ramírez un ejemplo más del arte de los psicóticos debe rechazarse inmediatamente. En primer término, no está claro —nunca lo estará— lo que se quiere decir con esta expresión. Además, el arte trasciende —mejor dicho: ignora— la distinción entre las frágiles fronteras de la salud y la locura, como ignora las diferencias entre los primitivos y los modernos. En el caso de Ramírez, sin cerrar los ojos ante sus desarreglos psíquicos, lo que nos interesa es el valor artístico de sus obras. El crítico inglés Roger Cardinal, que ha escrito sobre él con discernimiento y sensibilidad, subraya las características puramente visuales y plásticas (también poéticas) de sus dibujos y composiciones.[3] Estas cualidades lo apartan de otros artistas también víctimas de trastornos mentales. El mundo de Ramírez —porque su arte nos *muestra un mundo*— está lleno de objetos que es fácil reconocer pues son los de la realidad, ligeramente distorsionada. Adivinamos obscuramente que esas imágenes son a un tiempo iconos y talismanes: conmemoran sus experiencias vitales y lo preservan de maleficios.

Las composiciones de Ramírez son evocaciones de lo que vivió y soñó: un jinete montado en un caballo brioso y con el pecho cruzado por las cananas (como tantos que habrá visto en su juventud, durante la Revolución Mexicana, bandidos o guerrilleros), un acueducto interminable, una iglesia de pueblo, una locomotora flamante que atraviesa un paisaje petrificado, puentes, ciudades, parques, mujeres, más mu-

3. Véase *Vuelta*, 112, marzo de 1986.

jeres, la figura enigmática de la realidad primordial —la imagen femenina del comienzo, en la que se alían los atributos de la Virgen de Guadalupe con otros más antiguos, como la serpiente de Isis y la corona de rayos de sol. Estas obras no hacen pensar en los cuatro muros en que está encerrado el esquizofrénico ni en las galerías de espejos de la paranoia: son resurrecciones del mundo perdido de su pasado y son caminos secretos para llegar a otro. ¿Cuál es ese otro mundo? Es difícil saberlo. El camino que lleva a él es misterioso: un túnel y su boca de sombras. Boca sexual y profética de la que brotan las visiones y por la que el artista desciende en busca de una salida. Estas obras nos cuentan una peregrinación.

Al ver las obras de Ramírez pensé en otro artista extraordinario: Richard Dadd. Pero son casos muy distintos: Dadd fue un pintor que se volvió loco; Ramírez fue un loco que se volvió pintor. En el asilo, Dadd recuerda que es pintor y pinta varios cuadros memorables, los mejores de su obra; en el hospital, Ramírez descubre la pintura y se sirve de ella para salir de sí mismo. Cardinal observa con razón que su autismo no era completo. Es cierto: una y otra vez rompió su retraimiento; por ejemplo, al abordar al Dr. Pasto y enseñarle sus obras o al retratarse con él, en una sala del hospital, mostrando una de sus composiciones. El hecho mismo de dibujar y pintar es una ruptura del autismo, una comunicación. Pero una comunicación cifrada. En las composiciones de Ramírez se cumple la doble exigencia del arte: ser una destrucción de la comunicación corriente y ser la creación de otra comunicación.

El Dr. Pasto dijo que, en parte al menos, los trastornos mentales de Ramírez habían sido una reacción frente a una cultura extraña e incomprensible. Hay que añadir que abandonó México en una época tumultuosa y violenta. Así, en su vida está ya el doble movimiento que determina toda su actitud. En su huida de México hay un movimiento de salida que adoptó pronto una forma extrema y delirante: la paranoia; en su mutismo y en su ruptura de relaciones con el exterior, triunfó el movimiento contrario: la esquizofrenia. Pero paranoia y esquizofrenia son nombres, membretes, clasificaciones: la realidad psíquica está siempre más allá de los nombres. No puede olvidarse, además, que el arte de Ramírez trasciende el doble movimiento contradictorio: es una comunicación pero es una comunicación simbólica, un signo que debemos descifrar.

Ramírez es un emblema. El contradictorio movimiento que anima su conducta —inmersión en sí mismo y salida hacia afuera, al encuentro del mundo— dibuja la situación de las comunidades hispanas con extraordinario dramatismo. Cierto, Ramírez es un caso, una anomalía, pero esta anomalía es una metáfora de la condición del artista hispano. Por supuesto, aunque la condición es general, las respuestas son distintas: cada artista se enfrenta de una manera diferente a la situación y cada respuesta, si es auténtica, es única e irrepetible. El espectador podrá comprobarlo al recorrer las salas de esta exposición. Las respuestas de algunos artistas tienen raíces religiosas y tradicionales: pintan las imágenes del sincretismo popular hispanoamericano, aunque su sensibilidad y sus medios son contemporáneos; para otros, lo religioso no está en las formas y las figuras que pintan sino en su actitud ante la imagen humana: casi nunca la *describen*, como los artistas norteamericanos, sino que la exaltan o la mutilan y, de ambas maneras, la transfiguran; otras obras son una respuesta violenta a la violencia urbana moderna; otras más son una sátira de la vida callejera o una tentativa por apresar lo maravilloso cotidiano, gran tradición del arte del siglo xx; algunos artistas, en fin, buscan lo maravilloso no en los paisajes urbanos sino regresando al origen, a la patria de las viejas mitologías afrocubanas

116

y a los santos y vírgenes del catolicismo mexicano. Sátira, violencia, blasfemia, veneración: formas, líneas, volúmenes y colores que expresan con una suerte de exasperación el doble movimiento de separación y participación.

La imagen del túnel y su boca es otro emblema del arte de los hispanos. La boca del túnel es el lugar de las apariciones y las desapariciones. La conciencia desciende los escalones de sombra hacia el reino ciego del comienzo, a la fuente del origen; a su vez, en un movimiento contrario, las imágenes enterradas ascienden en busca del sol. En la historia del arte del siglo XX, la obsesión por la imagen venida de las profundidades caracterizó sobre todo a los surrealistas. Entre ellos muy especialmente a dos latinoamericanos, Matta y Lam, así como a un pintor afín al surrealismo, Tamayo. Los tres han sido grandes taumaturgos, maestros del arte de la resurrección y la aparición de los fantasmas. La relación entre la *imagen* surrealista y el *phantasma* de los filósofos y artistas neoplatónicos del Renacimiento aún no se ha dilucidado enteramente pero es clara. La crítica moderna reconoce más y más que hay una corriente subterránea en nuestra tradición que nace en la Florencia neoplatónica y hermética del siglo XV, fecunda diversos movimientos espirituales y artísticos como el romanticismo y desemboca en el siglo XX: simbolismo, surrealismo y otras tendencias. Un recorrido rápido por la exposición de artistas hispanos revela que su pintura no tiene afinidad profunda con el realismo fotográfico, el minimalismo, el *pop-art*, el neoexpresionismo y otras tendencias de los últimos veinte años. Tiene, sí, deudas con varios artistas norteamericanos o con otros que viven en los Estados Unidos, como David Hockney, pero su visión de la figura humana posee un parentesco más secreto y hondo con la tradición que representan, en América Latina, un

117

Matta o un Lam. Sus imágenes brotan de la boca de sombra del túnel.

Para los antiguos, el *phantasma* era el puente entre el alma, prisionera del cuerpo, y el mundo exterior. Para el poeta y el pintor surrealista la imagen onírica era el mensajero del hombre interior. La poesía y el arte dejan escapar, transfigurado, al prisionero: al deseo, a la imaginación enterrada desde el primer día por las instituciones y las prohibiciones. Es turbadora la aparición de las imágenes en las obras de los artistas hispanos. Son jeroglíficos de venganza pero también de iluminación, golpes en la puerta cerrada. Sus pinturas no son ni metafísica ni conocimiento del hombre interior ni subversión poética sino algo más antiguo e instintivo: iconos, talismanes, retablos, amuletos, efigies, simulacros, fetiches —objetos de adoración y de abominación. El *phantasma* es, otra vez, el mediador entre el mundo de allá y el de acá. ¿Cómo no ver en las obras de estos artistas otra faz del arte norteamericano? Una cara todavía desdibujada pero cuyos rasgos son ya discernibles. Arte de la imagen no como una forma en el espacio sino como una *irradiación*.

México, a 7 de julio de 1986

MARÍA IZQUIERDO SITIADA Y SITUADA*

Miguel Cervantes: ¿Cuándo conociste a María Izquierdo?

Octavio Paz: A mi regreso de España, hacia 1938, en el Café París. Durante más de quince años, de 1930 a 1945, fue uno de los centros de la vida literaria y artística de la ciudad de México. Era muy concurrido por escritores, pintores, músicos, actores y actrices, periodistas y por un mundo flotante de curiosos, azotacalles y gente sin oficio ni beneficio. La sala era espaciosa y clara, los muros estaban pintados de verde pálido, las mesitas y las sillas de mimbre eran también verdes, las meseras trataban con familiaridad a los clientes y en el mostrador, entre dos grandes cafeteras de metal reluciente que lanzaban con estrépito chorros de vapor, tronaba la rubia y *plantureuse* propietaria, Madame Hélène, famosa matrona, amparo de novilleros sin contrato y golfo de mancebos extraviados. Olía a café y a tabaco. Las malas lenguas hablaban de tráfico de drogas. *Chi lo sa?* El rumor de las conversaciones subía y bajaba en mansos oleajes, lo contrario de lo que ocurría en el

* En las salas del Centro de Arte Contemporáneo de la Ciudad de México se celebró en 1988 una exposición retrospectiva de María Izquierdo (1902-1955). Los organizadores me pidieron que escribiese el prólogo del catálogo. Les contesté que, a pesar de mi admiración hacia la pintura de María Izquierdo, no me sería posible escribir nada en tiempo oportuno. Me propusieron entonces una entrevista. Acepté y en los primeros días de agosto, en mi casa, se efectuó la conversación. Participamos en la plática Robert Littman, director del Centro, Miguel Cervantes, Marie José Paz y yo. El texto que se publica en seguida es una versión revisada de lo que dijimos.

119

tormentoso Café Tupinamba, favorecido por los refugiados españoles.

M. C.: ¿Esa Madame Hélène no tuvo después un restaurante?

O. P.: Sí, Chez Hélène, en las calles de Lerma. Pero eso fue quince años más tarde. Se comía bien. Yo iba a veces con José Gorostiza, que era amigo de la patrona desde los tiempos del Café París. O con Carlos Fuentes, Fernando Benítez y José Iturriaga... El Café París tuvo un carácter muy distinto. Su nombre no pertenece a la historia de la gastronomía y ni siquiera a la de las costumbres sino a la de la literatura y del arte. Mejor dicho, a esa historia, todavía por escribirse, de los grupos, las personas y las tendencias que componen la sociedad literaria y artística de una época. Una historia, más que de las ideas y las obras, de las formas de convivencia y, sobre todo, del *gusto*. Creo que los años del Café París han sido el único período en que hemos tenido lo que se ha llamado «vida de café», como en Francia, España e Italia. El café fue una institución literaria que sustituyó al salón. Pero en México no tuvimos salones: los escritores se reunían en algunas librerías y los poetas modernistas en los bares. El Café París fue una sociedad dentro de la sociedad. Asimismo, una geografía: cada mesa era una tertulia, cada tertulia una isla y una plaza fortificada. Las relaciones entre las islas eran, al mismo tiempo, frecuentes y arriesgadas. Siempre había algún intrépido —o algún inconsciente— que iba de una mesa a otra. Unos eran mensajeros y otros desertores. Porque había también emigraciones y escisiones. Nuestra mesa se dividió dos o tres veces. Incluso, durante una temporada, cuando fundamos *El Hijo Pródigo*, acaudillados por Barreda, emigramos del Café París —que se había vuelto demasiado populoso y agitado— y nos establecimos en un café cercano en la calle de Bolívar.

M. C.: ¿Cómo llegaste al Café París?

O. P.: No recuerdo si invitado por Octavio Barreda o por Xavier Villaurrutia. La revista *Letras de México* se hacía prácticamente en el Café París. Yo comencé a colaborar en ella y, poco a poco, me convertí en un asiduo de la tertulia, aunque era mucho más joven que ellos. Asistían con regularidad Barreda, Villaurrutia, Celestino Gorostiza, Samuel Ramos, Antonio Magaña Esquivel, Carlos Luquín y Orozco Romero. Concurrían con menos frecuencia Jorge Cuesta, Elías Nandino, José Gorostiza, Ortiz de Montellano, Rodolfo Usigli. Cuando llegaron los españoles se incorporaron al grupo Moreno Villa y León Felipe. Se presentaban, de vez en cuando, algunos jóvenes: José Luis Martínez, Alberto Quintero Álvarez, Antonio Sánchez Barbudo. Los pilares de la mesa eran Villaurrutia y Barreda. Se hablaba de literatura y de arte, se comentaban los libros y las exposiciones, se chismeaba un poco, se componían epigramas, nos reíamos de los demás y de nosotros mismos. Frente a nuestra mesa había otra, también de escritores y artistas. Casi todos eran de la LEAR (Liga de Escritores y Artistas Revolucionarios) y de la revista *Ruta*, que dirigía el escritor José Mancisidor. Entre sus compañeros estaban el crítico Ermilo Abreu Gómez y el músico Silvestre Revueltas. Este último —sin corbata, despechugado, gordo y serio, con su cabeza de Balzac esculpida a navajazos— no faltaba nunca. Las relaciones entre las dos mesas eran corteses, crispadas en el caso de Abreu Gómez, irónicas en el de Villaurrutia. Nosotros llegábamos a eso de las cuatro y nos retirábamos hacia las cinco y media. Alrededor de las seis aparecía un grupo tumultuoso y colorido, compuesto por varias mujeres y algunos jóvenes excéntricos. El cabecilla era un muchacho flaco, nervioso y chispeante: Juan Soriano. Entre las mujeres recuerdo a María Izquierdo, a Lupe Marín, a Lola Álvarez Bravo y a Lya Kosta, que después se casó con Luis Cardoza. Los centros de la atracción, por su porte y manera de vestir, eran Lupe Marín y María Izquierdo.

Marie José Paz: ¿Y Lola Olmedo?

O. P.: Lola frecuentaba otros mundos. Lupe Marín era la elegante de la pequeña banda. Era modista y había estado en París; si su vida era tempestuosa y su lenguaje descarado, su indumentaria era irreprochable y de un sobrio buen gusto. María Izquierdo era lo contrario. Parecía una diosa prehispánica. Un rostro de lodo secado al sol y ahumado con incienso de copal. Muy maquillada, con un maquillaje no *up to date* sino antiguo, ritual: labios de brasa; dientes caníbales; narices anchas para aspirar el humo delicioso de las plegarias y los sacrificios; mejillas violentamente ocres; cejas de cuervo y ojeras enormes rodeando unos ojos profundos. El vestido era también fantástico: telas azabache y solferino, encajes, botones, dijes. Aretes fastuosos, collares opulentos...

M. C.: ¡Indígenas!

O. P.: A veces. Otras de fantasía.

M. J. P.: ¿Con calaveras, no?

O. P.: Con dientes de jaguar. Al verla, pensaba: lo único que le falta es que, de pronto, le salgan unos colmillos o saque del «brassiere» el cuchillo de obsidiana y le extraiga el corazón a Juan Soriano. Pero aquella mujer con aire terrible de diosa prehispánica era la dulzura misma. Tímida, íntima. En esa época la traté poco. A veces coincidíamos, los sábados, en un pequeño cabaret que se llamaba...

M. C.: ¿Las veladoras?

O. P.: Leda... Al Leda iba mucha gente. No solamente el grupo de Juan soriano, María Izquierdo, Lupe Marín y Lola Álvarez Bravo; también se veía a Renato Leduc, a Edmundo O'Gorman y, cosa extraña, a Justino Fernández. También los españoles: Ramón Gaya, Juan Gil-Albert, Concha Albornoz, Diego de Mesa. Otros «habitués»: José Luis Martínez, Pita Amor, Neftalí Beltrán, José Revueltas. Con este últi-

mo, en medio de la batahola, yo hablaba de Lenin y
de Dostoievsky. O sea, de la Revolución y del Pecado.
Ésta fue la primera época de mi trato con María.
Trato superficial pero cordial, cálido... Me gustaba
su pintura. Aunque ya había pasado su gran momento, todavía seguía haciendo cosas admirables. Precisamente en esos años hicimos una revista, *Taller*. La
fundamos cuatro jóvenes: Rafael Solana, Efraín Huer-
ta, Alberto Quintero Álvarez y yo. El primer número
de *Taller* (diciembre de 1938) fue ilustrado con repro-
ducciones en color de cuadros de María Izquierdo.
Fue un homenaje de los escritores jóvenes a una pintora en cierto modo heterodoxa y cuyo arte estaba
muy lejos de la pintura ideológica de los muralistas.
El texto de presentación estaba firmado por Rafael
Solana. Un texto inteligente y bien escrito. Lo he re-
leído y aún me gusta. Es raro —no, no es raro: es lo
normal en nuestro medio de envidiosos y desmemo-
riados de profesión— que los cronistas y los críticos
de arte no hayan reparado en la significación de este
homenaje de un grupo de jóvenes poetas. Incluso por
la fecha: 1938.

Robert Littman: Pero, ¿en dónde se conocía la
obra? ¿En las galerías?

M. C.: En las galerías y en las casas.

R. L.: Los coleccionistas, ¿se interesaban en la
obra de Tamayo en esa época?

O. P.: No sé... Sin duda, Jacques Guelman... A Tamayo lo conocí, brevemente, en 1938, en los locales
del Frente Popular Español. Era muy amigo, como
yo, de los republicanos. Hacía tiempo que se había
separado de María y estaba ya casado con Olga. Al
poco tiempo dejaron México y se fueron a Nueva
York. Unos años después lo volví a ver en esa ciudad.
Entonces nos hicimos buenos amigos. He hablado de
este encuentro en «Repaso en forma de preámbulo»,
un ensayo que abre mi libro sobre el arte mexicano
(*Los privilegios de la vista*). Pero lo traté poco en la

época de que hablamos, aunque lo admiraba por su actitud independiente frente al muralismo.

M. C.: Quería preguntarte si sabías de la amistad entre Artaud y María. ¿Se hablaba de eso?

O. P.: Sí, lo sabía, pero no se hablaba mucho. Artaud había dejado México unos años antes. Debo aclarar, además, que Artaud fue conocido únicamente por una minoría. No es extraño: tampoco en París, durante esos años, era una figura de primera magnitud. Sólo más tarde, después de la guerra y de su salida del asilo de locos, conquistó la celebridad. Su fama internacional fue póstuma. Y ya que hablamos de Artaud; el Café París tuvo dos épocas, la de la calle de Gante y la de la calle 5 de Mayo. A la primera época —que yo no alcancé: era muy chico— pertenecen dos poetas míticos: el norteamericano Hart Crane y el francés Antonin Artaud. Yo pude leer algunos artículos de Artaud en *El Nacional* pero no lo conocí sino mucho después, en 1947, en París. Había dejado el asilo de Rodez y vivía en una población cercana, Yvry. Descubierto tras años de olvido y sufrimientos, en esos días se había celebrado un gran acto público de reconocimiento. El público del teatro era numeroso y brillante: toda la juventud literaria, muchos actores y actrices y las notabilidades del día, entre ellas André Gide, que al final se levantó, subió al foro y abrazó a Artaud. Entre los oradores del acto se encontraba André Breton, vuelto hacía poco de los Estados Unidos. Al hablar, no ocultó su emoción: Artaud había sido, veinte años antes, una de las voces realmente inspiradas del movimiento surrealista pero, asimismo, entre ellos habían surgido ruidosas desavenencias. A pesar de su fama de implacable, Breton era un espíritu generoso y, al terminar su breve intervención, dijo: «Yo sé que Antonin Artaud ha *visto*, en el sentido en que Rimbaud y, antes, Novalis y Arnim, han hablado de *ver*... y poco importa que aquello que así se ha *visto* no corresponda a lo que es objetivamente visible.» Estas palabras conmovieron a todos los oyentes. Sin embargo, ahora, al cabo de tantos años, me pregunto si es lícito comparar el caso de Artaud con los de Novalis y Arnim o con el de Rimbaud. Ninguno de los tres estuvo internado en un asilo. Las vidas de Novalis y de Arnim no fueron excepcionales, salvo por sus dones y sus creaciones literarias; la de Rimbaud fue excéntrica, violenta e irregular, no vesánica como la de Artaud. Incluso la comparación con Hölderlin o con Nerval es insostenible. También ellos fueron víctimas de terribles perturbaciones mentales y padecieron reclusión —Hölderlin más de la mitad de su vida— pero sus visiones y sus obras tienen un carácter totalmente distinto al de las de Artaud. Los poemas de Hölderlin nos sorprenden por su misteriosa hermosura: son composiciones, no eyaculaciones. En los textos de Nerval nos seduce y nos estremece el continuo tránsito del desvarío a la lucidez: *Aurelia* es un libro único porque expresa la conciencia en el delirio... Pero éste es un tema abismal y que pide reflexión aparte.

M. J. P.: Nos contabas tus impresiones de aquella famosa «soirée» en honor de Artaud.

O. P.: Sí, perdón por la digresión. Al fin, le tocó su turno a Artaud. Fue inolvidable: dijo tres poemas, uno de ellos con tema tarahumara. Después se refirió a ciertos episodios de su vida: el viaje a Dublín, su reclusión, los horrores del tratamiento eléctrico, las hechicerías y embrujamientos que había sufrido. Esta segunda parte de su intervención fue escuchada con cierto respetuoso escepticismo. A pesar de la evidente predisposición del público en su favor, sus revelaciones sobre las conjuras mágicas en su contra fueron recibidas con frialdad. No convencieron a nadie.

M. J. P.: ¿Cómo lo explicas?

O. P.: Era un público moderno, secular. La gente había ido a *protestar*. Veían en Artaud a una víctima de los poderes e instituciones impersonales de la modernidad pero, en el fondo, ellos creían en los principios que han fundado y justifican esa aborrecida modernidad. Ésta es la paradoja de los intelectuales modernos y éste es el secreto, a un tiempo patético e irrisorio, de su rebelión. Son, o más bien: somos, los hijos rebeldes de la modernidad... pero somos modernos. Artaud era un verdadero poeta moderno y era también un verdadero perturbado mental. Su perturbación lo sustraía a la modernidad y lo convertía en un hombre de otro tiempo. Creía en lo que decía. Por esto fue escalofriante oírle decir sus rotos, espasmódicos poemas con voz igualmente rota y espasmódica, interrumpidos de tiempo en tiempo por versos puramente rítmicos, en una lengua de su invención, como piedras cayendo en un pozo:

> *nuyon kadi*
> *nuyon kadan*
> *nuyon kada*
> *bara bama*
> *baraba*

M. J. P.: Esto me recuerda el «hablar en lenguas» de la Iglesia de Pentecostés, en aquella pequeña comunidad negra en un suburbio de Boston, en 1974, ¿te acuerdas?

O. P.: Sí. Es un *trance* que aparece en muchas religiones y en todas las épocas, lo mismo entre los gnósticos y los cristianos primitivos que entre ciertas comunidades rusas o, ahora mismo, en los Estados Unidos y en México. Es revelador que la glosolalia, fenómeno asociado generalmente a las ceremonias religiosas, aparezca en la edad moderna entre los poetas. El primer caso que conozco es el del dadaísta Hugo Ball, en Zurich, en 1917, en el cabaret Voltaire. Pero no es menos revelador que nadie o casi nadie, entre los que oían a Artaud aquella noche, se diese cuenta de que eran testigos de una experiencia que no hay más remedio que llamar religiosa. ¡Qué miopía!

M. J. P.: Más bien, ¡qué sordera! No oír...

O. P.: ... la voz del Comienzo... En fin, unos días después de este acontecimiento literario, salí a cenar a Saint-Germain-des-Près con un joven amigo mexicano. Decidimos antes beber una copa en un pequeño bar que todavía existe: Le Bar Vert. Nos acomodamos en la barra y pedimos algo. En una mesa contigua un grupo hablaba con animación. Pronto abandonaron el local, excepto uno de ellos. Lo reconocí inmediatamente. Aunque en el teatro lo había visto de lejos, acababa de ver una foto suya en la galería de Pierre Loeb. Terrible visión: un hombrecillo delgado, encorvado, con movimientos bruscos de rama golpeada por el viento, sin corbata, sucio, unos pocos mechones de pelo lacio cayendo sobre su cuello, mejillas chupadas, labios delgados, boca desdentada, ojos encendidos y que miraban desde el fondo de no sé qué abismo, manos huesudas y elocuentes... Pensé: *El Desdichado*. ¿En esto había terminado el príncipe de Aquitania de la torre abolida?... Al oírnos hablar en español, se levantó y nos preguntó si éramos mexicanos. Asentimos. Entonces nos dijo: ¿Saben ustedes quién soy? ¡Claro!, respondí. Usted es el poeta Antonin Artaud. Le encantó mi respuesta. Inmediatamente se había dado cuenta de que estaba ante personas que conocían su obra. Hablamos de su salida del asilo, de su nueva actividad poética, de México y de sus recuerdos de México. Nos dijo: «No debe de quedar ya nada de su país. El progreso y la industrialización habrán podrido todo. Ni siquiera el Tíbet ha podido resistir al progreso. La *pourriture* es universal.» Nos miró y agregó: «El mundo está gangrenado. Por eso me secuestraron y me encerraron en el asilo. El México que yo conocí todavía estaba vivo aunque ya se veía que no duraría mucho. Han cegado todas las antiguas fuentes...» Mientras hablaba, recordé que alguien me había contado —¿o él mismo, esa noche, nos lo contó?— que cuando sentía la invasión de la ola de la desesperación empuñaba un hacha y hendía un enorme tronco de árbol que había en el patio de su casa. Los hachazos lo pacificaban.

M. J. P.: ¿Habló de María Izquierdo?

O. P.: Primero recordó a varios amigos que había conocido en México, como el poeta Gorostieta (no pudo decir su nombre con exactitud) y Luis Aragón (olvidó el Cardoza). Después habló con unción de María. La mujer y la pintora. Hablaba de ella como se habla de una montaña que fuese también una persona, una mujer. «En sus cuadros el México verdadero, el antiguo, no el ideológico de Rivera, sino el de los ríos subterráneos y los cráteres dormidos, aparece con una calidez de sangre y de lava. ¡Los rojos de María!», y siguió: «Cuando dejé México, ella me dio cuatro cuadros para que los enseñara aquí y arreglase una exposición suya en París. Me los robaron en el asilo, con mis manuscritos. ¿Quiénes? Los enviados de...» Y se nos quedó viendo fijamente. Y tras una pausa: «Bueno, ustedes ya saben de quién. Están en todos lados. Son los mismos que encerraron a Van Gogh y después lo *suicidaron*. Ellos fueron los que se robaron mis manuscritos y los cuadros de María. Sí, los enviados.»

M. C.: Llevo mucho tiempo tratando de localizar las obras que se llevó Artaud.

O. P.: Siguió hablando con exaltación del Tíbet, de las montañas de los tarahumaras, de los hechizos y conjuros que diariamente tenía que vencer, de los «enviados» y del fin de este período de la historia humana...

M. J. P.: ¿Quiénes serían esos «enviados» y quién los enviaba?

O. P.: Vivía en un mundo de conspiraciones y de fuerzas tenebrosas. Por ejemplo, estaba convencido de que muchas de las personas a las que veía y con las que hablaba eran, en realidad, muertos. A veces, esos muertos no sabían que estaban muertos. Creía que Breton había querido salvarlo cuando lo habían internado en el asilo, en 1937, y que había muerto combatiendo con los policías y los psiquiatras.

M. J. P.: ¿Pero cómo explicaba la presencia de Breton en su homenaje?

O. P.: Muy fácilmente: Breton *no sabía* que estaba muerto. Era un verdadero *revenant*. El mundo de Artaud estaba poblado de vivos muertos y de muertos vivos. Es una confusión que, aunque parezca raro, todos hemos vivido. En nuestros sueños hablamos con frecuencia con los muertos. A veces, esos muertos no saben que están muertos. Yo he soñado, incluso, que estaba muerto: esto no me impedía conducirme como los vivos, aunque con una angustia secreta: tenía miedo de que los otros me descubriesen. Vergüenza no del pecado original sino del pecado de no-ser... Bueno, en eso regresaron sus amigos, entre ellos el actor y director de teatro Roger Blin y Paule Thevenin, que más tarde se encargaría con gran competencia de la edición de sus obras completas en Gallimard. Artaud se despidió de nosotros y se fue con sus amigos. No volví a verlo. Murió un poco después.

M. J. P.: Volvamos a México.

O. P.: A pesar de que no era una mujer literaria y de que leía poco, María Izquierdo vivió siempre ligada al mundo literario. Fue amiga de Artaud, en el Café París la rodeaban los poetas jóvenes, frecuentó a Villaurrutia y, en fin, fue gran amiga de Pablo Neruda. En casa de Pablo yo la veía mucho, a ella y a su segundo marido, Raúl Uribe, también chileno. Antes de nuestra disputa —comenzada en aquella triste cena en su homenaje, en el Centro Asturiano— me unió a Neruda una amistad que no sé si llamar estrecha pero sí entrañable. Visitaba seguido mi casa y yo la suya. Recuerdo las comidas dominicales, en la casona de Mixcoac que, no sé por qué, Pablo se empeñaba en decir que había sido de López Velarde. Le gustaba vivir rodeado de gente y sus fiestas eran divertidas y tumultuosas. Había siempre tres o cuatro «parásitos», en el sentido original, romano, de la palabra: los que divertían a los ricos y compartían su mesa. Sus «parásitos» eran graciosos profesionales y ayudaban a Delia del Carril, La Hormiguita, a atender a los numerosos invitados. Había también un huésped más pintoresco y terrible: un tejón, que bebía vino tinto y destrozaba las medias de las señoras... Pablo era generoso y, al mismo tiempo, tiránico. Era muy fiel con sus amigos pero no le gustaba que fuesen demasiado independientes. Tal vez la placidez de María lo atrajo. Lo cierto es que siempre la distinguió con su afecto. Cuando Pablo decretó mi muerte civil —una orden que acataron sin chistar varios amigos míos, mexicanos y españoles— María tuvo el valor de desobedecerlo y siguió viéndome. Esos años visitó mi casa muchas veces, con Raúl Uribe. En octubre de 1943 abandoné México y no regresé sino diez años más tarde. Ya no pude volver a verla.

M. C.: Es curioso: los años en que la conoce Octavio coinciden con el mejor período de María, que son los de «los circos» de 1938 a 1941.

O. P.: Creo que su mejor época es ligeramente anterior, durante y poco después de los años de su amistad con Rufino Tamayo. Hay que deshacer un equívoco acerca de María, semejante al que se ha propalado sobre José Revueltas: no fue una desconocida ni una artista marginal. Fue reconocida por José y Celestino Gorostiza, por Villaurrutia, por Fernando Gamboa. Este último la ayudó. Ya me referí a la admiración que le profesábamos algunos jóvenes.

M. C.: La pintura que les gustaba a ustedes en los años 30, ¿tenía ese timbre populista de María?

O. P.: No populista: ¡popular!

M. C.: ¿Admiraban lo popular?

O. P.: Muchísimo. Los jóvenes de aquella época

no teníamos mucha cultura visual. No habíamos salido de México y había pocos libros, todos caros. Yo había entrevisto los museos de París y Nueva York durante un corto viaje, y nada más. Pero sabíamos que el arte popular de México era una fuente y que lo mejor de nuestra pintura tenía una relación con ese fondo popular y tradicional. Además, nos dábamos cuenta de que el arte moderno europeo había redescubierto el arte de otras civilizaciones, entre ellas la del antiguo México. Las visitas de Breton y otros grandes admiradores del arte precolombino y del popular, nos fortificaron en estas ideas.

M. C.: ¿Y los muralistas?

O. P.: Estábamos cansados de los grandes y elocuentes discursos plásticos de Orozco, Rivera, Siqueiros y sus acólitos. Oratoria pintada, decíamos. En cambio, algunos pintores más jóvenes —Tamayo, María Izquierdo, Julio Castellanos y, un poco mayor, Carlos Mérida— nos parecían más vivos y actuales. No predicaban el mexicanismo como Rivera: eran mexicanos sin proponérselo. Su relación con el arte popular era más auténtica que la de los muralistas. Algunos, como Tamayo, habían asimilado con talento y originalidad la gran experiencia de la pintura europea moderna. Al lado de estos pintores, en los que el arte popular era el gran regalo visual, había otros más europeos, como Agustín Lazo. Lo respetábamos, pero no nos emocionaba. Otros nos interesaban por la mezcla de humor y fantasía, como en el caso de El Corzo (Antonio M. Ruiz). Y ya que recuerdo esos años, debo hablar de Manuel Rodríguez Lozano. Era un hombre muy inteligente, muy rebelde y muy aislado. Un ególatra con gran talento. Un talento más literario que plástico: lo mejor suyo no eran los cuadros sino las opiniones. Pero soy exigente: su dibujo lo salva. El más sólido y dotado entre ellos fue Julio Castellanos. Le debemos dos o tres cuadros con un equilibrio que no es exagerado llamar clásico y mu-

131

chos dibujos extraordinarios. Otros solitarios: Alfonso Michel, que espera todavía ser descubierto, y Carlos Orozco Romero. Podría citar más nombres pero temo olvidar algunos. Entre todos ellos, la persona y la obra de María brillaban con una luz única, más lunar que solar. Me parecía muy moderna y muy antigua.

M. C.: Ayuda a la comprensión de su obra, verla en su momento y entre sus contemporáneos.

O. P.: Además, este pequeño resumen demuestra que la rebelión contra el muralismo y su estética de tambor y de trompeta era ya general al finalizar esa década. Hay que repetir estas cosas porque, una y otra vez, ciertos críticos, arrepentidos a medias de sus prejuicios y extravíos ideológicos, tratan de *maquillar*, ésa es la palabra, la historia de la pintura mexicana.

R. L.: ¿Y dónde está Frida Kahlo en todo esto? ¿Ella y María no eran amigas?

O. P.: Frida y Diego vivían lejos de los escritores y los artistas mexicanos. Su mundo era internacional: críticos y periodistas norteamericanos, celebridades, gente rica. Carlos Pellicer los veía y también, probablemente, Salvador Novo, que dedicó a Frida uno de sus poemas surrealizantes. Frida y María se parecían en el folklorismo indumentario; como personas y como artistas poco o nada tenían que ver. El atuendo de María era más fantástico que el de Frida; quiero decir, los trajes de Frida eran realmente prendas regionales mientras que los de María eran versiones fantasiosas de las modas populares. Las ropas de María, a pesar de su hieratismo, recubrían a una personalidad simple, popular; las de Frida, a una personalidad compleja y nada popular.

R. L.: Es interesante. Tienes por un lado a María Izquierdo y por el otro a Frida Kahlo: las dos andan con esos trajes extraordinarios, las dos pintan sus

132

vidas en cuadros pequeños, retratos y autorretratos pero realmente...

M. C.: ... Había una gran diferencia entre ellas. En primer lugar, como muchos pintores surrealistas, Frida comenzó como una pintora académica. Ni su dibujo ni su composición tienen nada ingenuo. En el momento en que Frida deja de ser académica y empieza a hacer una pintura muy interesante, está claramente influida por los surrealistas.

O. P.: Exactamente. Es absurdo negar la influencia del surrealismo en la pintura de Frida, como han intentado algunos críticos nacionalistas... Puede irse más allá de lo que ha dicho Miguel. Las diferencias entre María y Frida son evidentes y saltan a la vista. Empezando por los nombres: Frida es un nombre extranjero y, entre nosotros, aristocrático; en cambio, María es pueblo puro. Después, el origen social: Frida venía de una familia acomodada y culta; María salió del pueblo, de la provincia. Una era medio europea (alemana) y la otra acusadamente indígena. Frida conoció los talleres académicos y las aulas universitarias; María pasó fugazmente por San Carlos; en realidad, se hizo sola, con sus amantes, sus compañeros de oficio y algunos escritores que la trataron. Incluso su sexualidad fue distinta. Mejor dicho: opuesta. Frida tuvo siempre algo de muchacho: la esbeltez, la travesura, el bozo poblado; de joven le gustaba vestirse de hombre. La masculinidad de Frida no sólo es visible en su físico sino en su bisexualismo: sus grandes pasiones fueron mujeres. Su relación con Diego —una figura obesa, fofa— fue la del muchacho con la madre inmensa, oceánica. Una madre toda vientre y vastas mamas. María fue lo contrario. Profundamente femenina, su relación con sus amantes y sus amigos fue maternal. Fue una encarnación de la poderosa pasividad de la madre tradicional, a la mexicana. Amparó a Artaud, protegió a Raulito e incluso soportó con estoicismo de «sufrida mujer» las violencias verbales y físicas de algún otro.

En Frida, el narcisismo es central; en María, como en todos los arquetipos femeninos tradicionales, la palabra clave es *sacrificio*. Frida, activa; María, pasiva. Otra diferencia: sus carreras. Frida logró la fama internacional, María fue reconocida por unos cuantos únicamente en nuestro país. Su relación con México también fue distinta. Frida quiso ser mexicana con pasión pero su mexicanismo es una máscara; lo que cuenta en ella no es el folklor (tampoco en Diego, otro pintor culto y académico) sino el genio poético, la fantasía, el humor. En cambio, María no quería ser mexicana: no tenía más remedio que serlo. En María, como ser humano y como artista, hay fatalidad y espontaneidad; en Frida hay una trágica voluntad de sublimar y transformar en arte sus terribles sufrimientos. Frida tenía más fantasía y era más inteligente; sin embargo, en la pobreza de sus recursos, María poseía mayor poder visual. Tenía menos oficio que Frida —su dibujo era simple, su composición ingenua— pero su instinto era más seguro y más profundo su sentido del color y de las relaciones cromáticas. Hay más vuelo en Frida, más tierra en María. En Frida hay un dramatismo y un humor que no aparecen en María. Al decir esto, digo también que la pintura de María es más pintura que la de Frida. Las comparo no para achicar a una y engrandecer a la otra: intento distinguirlas. Admiro a las dos por razones diferentes.

M. C.: Los temas de María son temas tradicionales, vienen de la pintura popular, son naturalezas muertas, paisajes...

O. P.: Bueno, Miguel, es cierto, pero también es cierto que hay ecos europeos en ella. Los cuadros con el tema del circo vienen de la pintura europea.

R. L.: Sí, de Picasso.

O. P.: La influencia de Picasso fue determinante en muchos pintores de ese momento. Ante todo, en

134

Diego Rivera. Me refiero, claro, al Picasso que recoge la lección de Ingres. O sea, al Picasso neoclásico. Ese Picasso —pues hay muchos— también influyó en Rodríguez Lozano y es visible, asimismo, en lo mejor de Julio Castellanos y de Guerrero Galván. En María las influencias de la pintura moderna europea se filtraron a través del ejemplo de Tamayo.

M. C.: Sí, es cierto. ¿Chirico?

O. P.: Chirico estuvo muy presente en esos años. El más cercano fue Agustín Lazo. A través de Lazo, sin duda, Villaurrutia. La atmósfera de ciertos poemas de Xavier es la de los cuadros de Chirico.

M. C.: El Nocturno dedicado a Lazo, el «Nocturno de la estatua», es un Chirico.

O. P.: También en un pequeño y precioso texto crítico en prosa, «Fichas sin sobre para Lazo», las alusiones a Chirico son constantes. Las huellas del pintor italiano están muy diluidas en María. La fantasía de María no es literaria ni bebe en las fuentes clásicas de Chirico. Se inspiró en su infancia provinciana: las columnas y las arquerías que aparecen en su pintura no son las de las ruinas de Italia sino las que todavía pueden verse en muchos pueblos de México. Pero me apresuro a aclarar: el realismo de María no es realista sino *legendario*; quiero decir: es una evocación, filtrada por su sensibilidad, de su infancia y de la poesía rústica de los pueblos del Centro y el Occidente de México. Antigüedad viva. De ahí su cercanía con un pintor como Chagall, señalada con perspicacia por José Pierre. Como siempre, en su caso las influencias son realmente confluencias. Hay otro elemento tradicional en la pintura de María: la fraternidad con los animales. No los animales exóticos de Frida sino los de su infancia: vacas, toros, perros, pájaros, burros y los caballos genésicos.

M. C.: ¿Chirico?

O. P.: Tal vez. Pero sería mucho olvidar que esos caballos son los de su infancia y su adolescencia. La

135

mitología popular mexicana está llena de caballos o, como dice la gente, de «cuacos». Desde la Conquista, el caballo ha estado presente en nuestras luchas y en nuestras fiestas y ceremonias. Uno de los mejores poemas de Reyes tiene por tema los caballos de su infancia. Y López Velarde: «quiero raptarte en la cuaresma opaca / sobre un garañón y con matraca». Los caballos de María Izquierdo están impregnados de sexualidad simbólica y de violencia pasional. El inconsciente mítico y popular fue determinante en su arte. La presencia de sirenas en su pintura tampoco es accidental: vienen del arte popular pero igualmente de las imágenes tradicionales. Otro tanto ocurre con los circos. Es un motivo universal que, en el arte moderno, tiene el precedente de Picasso y, en la poesía, el de Apollinaire y el de Rilke. Pero el circo está inscrito en la memoria popular; aparece de nuevo en López Velarde —hay un verso inolvidable en *Memorias del circo* «el viudo oscilar del trapecio»— y, claro, en muchos grabados de Posada. María vio, leyó y vivió todo eso.

M. C.: ¿Cómo definirías el arte de María Izquierdo?

O. P.: No sé. Desconfío de las definiciones. Pero sé que el día en que se escriba la verdadera historia de la pintura mexicana de este siglo, el nombre y la obra de María Izquierdo serán un pequeño pero poderoso centro de irradiación magnética. Una obra corta, hecha más con el instinto que con la cabeza, pura, espontánea y fascinante como una fiesta en la plaza de un pueblo pequeño. Fiesta secreta, que pasa no ahora ni aquí sino en un *allá —no sé— dónde*. Interiores y naturalezas muertas en las que las cosas se asocian conforme a las leyes no de la geometría sino de la simpatía, es decir, de la magia afectiva. Retratos que nos muestran, más que a una persona, a una intimidad. Espejos, tocadores, repisas, mesas con floreros o frutas, lechos: objetos rituales de una religión íntima, femenina. Cosas diarias y graciosas, simples o recargadas, ventanas con cortinas de colores violentos o cálidos, formas y volúmenes atados a este mundo por un obscuro deseo de ser y persistir. Victoria de la gravitación: estar, nada más estar. Paisajes, casa, personajes emblemáticos y como hipnotizados —una caballista, un payaso y un aro, una niña y tres esferas, una muchacha que se peina en una habitación desierta—, criaturas míticas, bestias inocentes y adormecidas, plantas, nubes, astros, todo sumergido en una atmósfera detenida: el tiempo que transcurre sin transcurrir, el tiempo parado de los pueblos, ajeno al tráfago de la historia. Tiempo de los circos fuera del tiempo y de las plazas con una iglesia y un corro de fresnos, tiempo de los caballos y los llanos rodeados de colinas, tiempo de las voces de las mujeres que se bañan en los ríos y de la muchacha que, en la noche de hechicería, desciende al pozo guiada por la luna. María Izquierdo o la realidad más real: no la de la historia sino la de la leyenda.

UNA POESÍA DE CONVERGENCIAS

(CONVERSACIÓN CON BENJAMÍN PRADO)

1.   **Benjamín Prado:** T. S. Eliot aprovechó su inteligencia crítica para escribir *Four Quartets* y su experiencia poética para elaborar *The Use of Poetry and The Use of Criticism*. Creo que lo mismo puede decirse de W. H. Auden con respecto a *The Dyer's Hand* y la relación que esta obra muestra con su poesía. Su libro *El arco y la lira* creo que juega un papel similar al lado de su producción poética. ¿Cuáles fueron sus intenciones al escribirlo? ¿Cuáles fueron sus reflejos sobre su poesía y viceversa?

1.   **Octavio Paz:** Escribí *El arco y la lira* como una suerte de *Defensa de la Poesía*, a la manera de Shelley. Desde fines del siglo XVIII los poetas sintieron la necesidad de justificar con escritos en prosa la existencia de la poesía y así justificar la suya propia. La edad moderna ha sido la edad de la prosa y de la crítica. La prosa se convirtió en el espejo de la poesía. Un espejo crítico, reflexivo. Los ensayos y manifiestos de los poetas, del romanticismo a nuestros días, han sido la respuesta a la doble pregunta que nos hace la modernidad: ¿por qué y para qué hay poesía? Mi libro fue una respuesta más a esa interrogación. No sé si fue una teoría. Tal vez no fue sino una imagen o, más exactamente, ese manojo de reflejos y reflexiones en que se transforma un cuerpo al reflejarse en un espejo.

El arco y la lira fue también una tentativa de exploración de mis orígenes. Un viaje a través de la genealogía poética de un mexicano que escribe en el idioma español en la segunda mitad del siglo xx. Soy un heredero del movimiento poético moderno, iniciado en Europa por los primeros románticos y que fue transplantado a nuestro continente por dos grandes poetas, que lo recrearon y cambiaron: Whitman y Darío. Desde entonces la historia de la poesía moderna de Occidente ha sido el diálogo entre los poetas de América y Europa. Hoy ese gran movimiento, probablemente, toca a su fin. No lo lamento demasiado: vivir un acabamiento no es menos fascinante que vivir un nacimiento. Además, nuevas configuraciones poéticas comienzan a dibujarse en el horizonte, aunque todavía muy débilmente.

Dediqué a este tema un nuevo libro, *Los hijos del limo*, escrito en 1970. El título no fue afortunado y hoy bautizaría esas páginas de otra manera —*Líneas de convergencia* o algo así. Un título que aludiese al fin de la estética de la ruptura que inspiró a las vanguardias del primer tercio de nuestro siglo. Secreto a voces: la vanguardia ya no es sino una nostalgia, cuando no es algo peor: una especulación. Pero la poesía contemporánea (lo mismo ocurre con la música y con las artes visuales) no rompe con la vanguardia: la continúa y al continuarla la cambia. No es un movimiento, una escuela o, siquiera, una tendencia: es una exploración individual. No es una ruptura sino una convergencia, que no excluye la divergencia y aun la insurgencia contra la academia vanguardista.

2. **B. P.:** Los creacionistas, con Vicente Huidobro a la cabeza, aseguraban que el poeta es un pequeño dios. Usted ha expresado un sentimiento similar en algunos textos («Invento el terror, la esperanza, el mediodía...») pero también ha expresado las dudas del escritor frente a la creación poética, por ejemplo en *¿Águila o sol?* ¿Cree que es en esa zona intermedia donde el poeta se encuentra con la poesía?

2. **O. P.:** Si el poeta es «un pequeño dios», como decía Huidobro, no es un verdadero dios. Todos los dioses son grandes, cualquiera que sea su tamaño, dios-hormiga o dios-elefante. Prefiero la definición de Blake: los verdaderos poetas están siempre del lado del demonio, a veces sin saberlo ellos mismos (como Milton). A la manera del diablo, el poeta crea por la negación, la omisión, el silencio... Pero las metáforas teológicas comienzan a cansarnos; el poeta no es ni ángel ni diablo: es un pobre hombre condenado a perseguir unas cuantas palabras elusivas y a ser perseguido por ellas. El poeta edifica con aire unas figuras hechas de sonidos que son sentidos, que son visiones. Después desaparece, pero las figuras verbales que ha inventado tienen la extraña propiedad de levantarse de la página en que yacen y entrar en la mente del lector por sus orejas y sus ojos para, allá adentro, echarse a bailar, cantar y disiparse. Después regresan a su tumba provisional en el libro. La zona en que aparece la poesía es un espacio indeterminado entre el lector y el poema. Ese espacio se anima, se vuelve intensamente personal y se convierte en un cuerpo sonoro gracias a la conjunción entre la voz del lector y las palabras del poema.

3. **B. P.:** Victor Hugo acusaba a los críticos literarios de colocar a los poetas en una singular posición: «Por una parte les gritan sin cesar ¡imitad a los modelos!; por otra, suelen proclamar que los modelos son inimitables.» ¿Cuál cree usted que puede ser la posición del poeta moderno ante la tradición? ¿Cree que, como decía Eliot, toda la poesía es contemporánea?

3. **O. P.:** Me ha hecho usted dos preguntas... Comenzaré por la segunda. Sí, Eliot tenía razón: los grandes poetas son nuestros contemporáneos. Mejor dicho: pueden serlo. Debemos descubrirlos y hacerlos nuestros. No es fácil. Milton es un poeta inmenso pero a Eliot le costó mucho tiempo saberlo. A mí me

pasa lo mismo con Fernando de Herrera: me produce un tedio indescriptible. También Juan de Mena. Al mismo Fray Luis de León lo acepto sólo en ciertos momentos y en algunos poemas. Los poetas del pasado están vivos pero sólo potencialmente vivos: nosotros los resucitamos.

En cuanto a la (justificada) queja de Victor Hugo: lo que debemos hacer con los modelos clásicos es cambiarlos, transformarlos, incluso deformarlos. En realidad, esto es lo que hace cada generación y cada poeta: sus imitaciones son trasgresiones; sus negaciones, homenajes. La negación es una forma polémica de dialogar con el pasado. La actitud de los poetas ante la tradición es siempre ambigua: filialidad polémica hecha de subversión y de imitación, de ruptura y de continuidad.

Cada generación elige a sus clásicos y esa elección la define. Un ejemplo: la resurrección de Góngora por la generación de 1927. Aquellos jóvenes vieron en el poeta cordobés al ángel negro de la rebelión *estética*. Subrayo el adjetivo porque en esa generación, al menos en su primer período, que fue el mejor y el que la definió, es visible la ausencia de una dimensión moral. (Ésta fue, diré de paso, la gran virtud del surrealismo: insertar en la rebelión artística de la vanguardia la crítica moral y metafísica.) La elección de Góngora como un modelo no fue casual; tampoco enteramente consciente. Es claro que entre la actitud del poeta cordobés y la de los jóvenes de 1927 había notables similitudes; también profundas diferencias. Los nuevos poetas eran insensibles a la mitología de Góngora y a su sintaxis latinizante; en cambio, los había fascinado su sistema metafórico, en el que la luminosidad de la imagen se alía a la perfecta geometría de sus términos. Así, se reconocieron en Góngora. Sin embargo, ese reconocimiento fue más bien una apropiación: su Góngora era un poeta postcubista y que había pasado, como ellos, por la violenta sacudida del creacionismo y del ultraísmo.

Cuando yo comencé a escribir, rechacé instintivamente el modelo gongorista: me deslumbraba, no me nutría. Encontré en Quevedo lo que, sin saberlo claramente, buscaba. Es menos perfecto que Góngora pero es más hondo. Es el poeta de la conciencia de la separación o, más exactamente, de la desgarradura que nos hace hombres. Aunque este sentimiento es universal —es el fondo de la condición humana— en la época moderna alcanza una suerte de exasperación debido, quizá, al paulatino e inexorable desvanecimiento de la noción de trascendencia. Vivimos el ocaso del Ser. Uno de los primeros que vivió esta situación fue Quevedo, poeta más estoico que cristiano. Su geometría está hecha de claroscuros que no ocultan el hoyo por el que todos nos despeñamos —el hoyo del tiempo y de la muerte—. En 1942 escribí un ensayo balbuceante del que, sin embargo, todavía rescato las líneas que dedico a Quevedo y a su gran poema *Lágrimas de un penitente* (más conocido en su primera y más caótica versión: *Heráclito cristiano o segunda arpa a imitación de la de David*). Nos hace falta una edición crítica de ese texto impresionante, escrito en 1613, cuando tenía 33 años. En fin, mi Quevedo es el poeta de la *caída*. Fue su obsesión y el tema de innumerables poemas (tal vez demasiados), unos satíricos y otros eróticos, unos metafísicos y otros desvergonzados. Confieso que este Quevedo, cómo el Góngora de la generación de 1927, en parte es una invención: es un poeta que ha leído a Baudelaire y que ha frecuentado a los filósofos modernos. Es nuestro contemporáneo.

4. **B. P.**: En muchas ocasiones, por ejemplo en el ensayo que le dedicó a Pasternak en su libro *Puertas al campo* ha demostrado que el poeta excede los límites de las ideologías. En *Los hijos del limo* anota que el fascismo de Pound antes de ser un error moral fue

un error literario. ¿Cree que los poetas pueden o deben ser leídos al margen de sus biografías? ¿Considera que todavía hoy la poesía tiene una función social?

4. **O. P.**: Los poetas pueden ser leídos sin acudir a sus biografías: ¿qué sabemos de Homero o de Teócrito, de Shakespeare o de Fernando de Rojas? Pero conocer la biografía de los poetas no daña a la comprensión de sus obras; al contrario, casi siempre la enriquece. Las vidas de Pound y de Neruda, como las de Lope y de Milton, nos ayudan a comprender sus extravíos y sus debilidades. Comprender es una manera noble de perdonar. Además de esta función moral, el conocimiento de la vida del poeta nos lleva a leerlo mejor. Entre la vida y la obra la relación es asimétrica: aunque la vida no explica enteramente a la obra, un buen conocimiento de la vida no estorba. A todos los que amamos la poesía de Villon nos gustaría saber un poco más de su vida y de su fin.

Se ha escrito mucho sobre la función social de la poesía. En mi caso trato precisamente el tema en un pequeño libro que acabo de publicar: *La otra voz*. En esas páginas sostengo que la poesía siempre ha tenido una función social; la historia de las creencias y las costumbres, desde los ritos públicos a las ceremonias secretas del erotismo, no sería explicable sin la poesía. Los poetas enseñaron a los hombres a conocer mejor sus pasiones, a perderse en sí mismos y en los otros. La poesía es el arte verbal más antiguo: nació quizá en el paleolítico o antes, con el lenguaje mismo, y no desaparecerá sino cuando haya desaparecido el lenguaje. Pero una cosa es la función social de la poesía y otra su función política inmediata. No sólo es difícil, casi imposible, escribir un buen poema con la actualidad política sino que su eficacia es nula. La razón es clara: como acción (no como pensamiento, filosofía o crítica) el reino de la política es el del acontecimiento; el buen político es el artista del acontecer diario. El dominio de la acción política es la superficie histórica; el de la poesía, y en general de la literatura, es lo que está debajo del acontecimiento: las pasiones, las ideas, las obsesiones, los sueños, toda esa trama complicada que es cada acción humana. El poema no es una receta para la acción: es un objeto verbal destinado al goce y a la contemplación, es decir, a la comprensión estética y moral del lector y del oyente. Por último, la poesía no se mide nunca por el número de sus lectores sino por su profundidad y permanencia. Un poema es un objeto destinado a durar. Los buenos poemas están hechos de sílabas que son aire pero que duran más que las piedras.

5. **B. P.**: ¿Cree que cualquier poema es, como insinuaba Wordsworth, el resultado de una emoción recordada en tranquilidad o cree, como Tolstoi, que consiste en evocar un sentimiento e intentar transmitirlo de manera que los demás puedan experimentar ese mismo sentimiento?

5. **O. P.**: Wordsworth y Tolstoi coinciden en ver a la memoria como la facultad que evoca o resucita las emociones y los sentimientos (yo añadiría las sensaciones, las percepciones, los pensamientos, las visiones, las imágenes). Ambos olvidan que esas emociones y sentimientos, gracias a la imaginación, que los antiguos llamaban con mayor exactitud: *fantasía*, cobran forma, encarnan en ritmos y palabras para volverse literalmente *fantasmas*, criaturas a un tiempo sensibles e imaginarias. Tolstoi no ve en la transmisión del poema sino una repetición idéntica al sentimiento original. Tal vez su moral estética le prohibió ver que la transmisión poética, es decir, la lectura del poema, es una verdadera recreación. El lector rehace el poema que lee y el resultado de esa operación es *otro* poema, análogo quizá pero nunca idéntico al del poeta. Tolstoi sobrevaloró la mera comunicación y subestimó la capacidad recreadora del lec-

tor. También la idea de Wordsworth me parece incompleta y por una razón semejante: la emoción «recordada» por el poeta no es la sentida originalmente y que es irrecuperable, sino una imagen, una transfiguración.

La memoria es creadora: resucita el pasado pero lo cambia. Al recordar ciertos momentos de la infancia y de la adolescencia... aunque quizá sea más exacto decir que esos momentos se presentan sin que nadie los llame, salvo nuestra memoria involuntaria que obra siempre sin consultar con nuestra razón o con nuestra voluntad... En fin, al presentarse esos momentos en el teatro de nuestra conciencia, no asistimos realmente a la resurrección del pasado sino a su transmutación. Lo que pasó no regresa: pasó para siempre; lo que vemos es una imagen que, al reproducir el pasado, de alguna manera lo cambia, lo transfigura. La memoria, al devolvernos esa imagen del pasado, lo convierte en presencia, es decir, en presente. En esa zona de incertidumbre, entre memoria e invención, entre pasado y presente, entre realidad e imagen, se despliega la fantasía poética. Conversamos con fantasmas que vienen de allá, del pasado, y que son asimismo invenciones del presente. Éste es uno de los temas recurrentes de *Pasado en claro*:

> *No allá ni aquí: por esa linde*
> *de duda, transitada*
> *sólo por espejeos y vislumbres,*
> *donde el lenguaje se desdice,*
> *voy al encuentro de mí mismo.*
> *Entro en un patio abandonado:*
> *aparición de un fresno.*
> *Verdes exclamaciones*
> *del viento entre las ramas.*
> *Del otro lado está el vacío.*
> *Patio inconcluso, amenazado*
> *por la escritura y sus incertidumbres...*

6. **B. P.**: ¿Qué función desempeña dentro de su poesía el poema «Soliloquio de medianoche», incluido en *Calamidades y milagros*?

6. **O. P.**: Escribí ese poema en 1944, en los Estados Unidos, cuando finalizaba la segunda guerra mundial. Atravesaba por un período de duda y desaliento, sentimientos que no son menos propicios a la expresión poética que la alegría y la confianza en la vida y en nuestros semejantes. Me sentía anonadado, pequeño e impotente ante la inmensa, insensata carnicería (todavía no sabíamos lo peor: lo ocurrido en los campos de concentración de los nazis). Quise expresar mi incertidumbre, mis náuseas ante la historia y ante mí mismo. No lo conseguí: el horror de nuestra época sobrepasa a todos los poemas. Pero fue un desahogo, una pequeña liberación.

7. **B. P.**: Hablando de nuestros clásicos, usted escribió en el prólogo a *Sor Juana Inés de la Cruz o las trampas de la fe*: «Estas obras constituyen una tradición y por eso se le aparecen al escritor como modelos que debe imitar o rivales que debe igualar.» ¿Cree usted que, en el fondo, todo acto de creación poética es, en realidad, una restauración?

7. **O. P.**: Cada poeta está destinado a decir unas cuantas cosas, que son suyas, únicamente suyas. Cosas vividas y sentidas, recordadas e incluso olvidadas. Experiencias innatas, como decía Baudelaire. Al mismo tiempo, esos sentimientos, emociones e ideas son el patrimonio común de los hombres y las mujeres. La cólera de Aquiles es un sentimiento universal, como la melancolía de Nerval o la visión del montón de huesos y de polvo que nos muestra Quevedo. Asimismo, las palabras del poeta son una transgresión del habla de su tiempo y de su gente; sus poemas son una violación de los estilos de sus predecesores: cada poeta entabla una lucha a muerte con sus maestros. Sin embargo, sus palabras son una variación apenas en el océano del lenguaje colectivo y sus poemas una

resurrección de la tradición: negamos a Garcilaso para continuar a Góngora, olvidamos a Góngora para revivir a Machado. Transgresión y restauración no son tanto dos momentos de la creación literaria como las dos caras, las dos facetas simultáneas de la misma operación. Al negar a la tradición, la prolongamos; al imitar a nuestros predecesores, los cambiamos. La imitación es invención; la invención, restauración. Vivimos el fin de la tradición de la ruptura y del cambio; así la continuamos.

8. **B. P.**: En ese mismo libro, también escribe: «no basta con decir que la obra de Sor Juana es un producto de la historia; hay que añadir que la historia también es un producto de esa obra». Ése es un argumento apasionante. ¿Qué podría añadir acerca de ello?

8. **O. P.**: La obra de un gran poeta cambia nuestra visión de su época y su pueblo; ¿cuál sería nuestra visión de la Francia de la Restauración sin *Lo rojo y lo negro* o de la España isabelina sin las novelas de Galdós? Se han escrito miles y miles de páginas sobre un incontrovertible lugar común: la obra literaria es una expresión histórica, producto de una sociedad y de una época. Se ha reflexionado poco y escrito menos sobre el fenómeno contrario: la historia, la realidad social de una época, es una proyección de su arte y su literatura. La literatura influye en la realidad histórica y la cambia de dos maneras. Por una parte, es un punto de vista, una visión de tal modo poderosa de la realidad, que llega a fundirse con ella: Castilla y Don Quijote; por otra, la literatura crea mitos, figuras, héroes y arquetipos imitados y seguidos por generaciones de lectores. Grecia fue una sociedad imaginaria —los poemas homéricos— antes de convertirse en una realidad histórica por la imitación de sucesivas generaciones. Grecia realiza *La Ilíada*; Alejandro quiso ser Aquiles y, en cierto modo, lo fue.

9. **B. P.:** En *La otra voz* (1990) habla de la alegoría como un método poético mediante el cual el poeta revela lo que oculta y nos muestra el arquetipo a través de la copia. Walter Benjamin decía que la alegoría es un juego de antagonismos entre la convención y la expresión. ¿Cree que la poesía moderna se encuentra en el territorio que dibuja la oscilación de ambos términos?

9. **O. P.:** La alegoría es un género que implica la existencia de un conjunto de ideas y creencias compartidas por todos y personificadas en figuras que son arquetipos o modelos. Cada figura se distingue de las otras por ciertos atributos que son verdaderos signos de identificación: la tea para la Discordia, la balanza para la Justicia, la escuadra y el compás para la geometría. Por esto es comprensible que el gran momento de la alegoría haya sido la alta Edad Media. Como todos sabemos, el código universal de signos que sustentaba a la alegoría medieval se ha quebrantado. De ahí que esa forma literaria haya caído en desuso: no es un género moderno. Pero es cierto que la historia de la literatura, especialmente de la moderna, puede verse como la lucha entre convención y expresión, para usar los términos de Benjamin que usted cita. Sin embargo, yo prefiero usar, en lugar de convención, la palabra estilo. Es más precisa. Cada época y cada sociedad producen uno o varios estilos artísticos; cada estilo es un conjunto de rasgos que lo distinguen de los otros estilos. El estilo es un bien común que el poeta, deliberada o involuntariamente, adopta, modifica y transforma hasta convertirlo en una obra única. El estilo barroco abarca a Quevedo y a Góngora, a Lope y a Calderón; al mismo tiempo, cada uno de estos nombres designa obras singulares y que, en cierto modo, son rupturas, violaciones o trasgresiones de lo que llamamos estilo barroco. La poesía es el triunfo de la expresión sobre el estilo. La expresión es siempre personal, aunque

en ciertos casos algún poeta logra alcanzar lo más alto, la impersonalidad: por su boca habla el lenguaje mismo.

En los últimos años se habla mucho de «postmodernidad». Algunos la definen como la posibilidad que tienen hoy los jóvenes para servirse indistintamente de este o de aquel estilo. Es un error: la pluralidad de estilos equivale a la ausencia de estilo. Del mismo modo que cada generación inventa sus clásicos, escoge también este o aquel estilo. Y al escogerlo, de nuevo, lo inventa. A partir de ese estilo colectivo, el poeta y el novelista construyen poco a poco su obra personal. El estilo es el lenguaje del tiempo. ¿Cuál es el lenguaje de nuestro tiempo? Las sucesivas revoluciones estéticas han agotado momentáneamente casi todos los estilos artísticos de la tradición, incluso los de la más reciente. El lenguaje de nuestras sociedades es el de la publicidad. Todos lo usan: es el lenguaje de todos, es decir, de nadie. Un consejo a los jóvenes: hay que luchar en contra de ese lenguaje para encontrar, enterrado pero vivo, el verdadero lenguaje de nuestra época. El poeta es el minero del tiempo.

10. **B. P.**: En *La otra voz* asegura que los profesores se empeñan en leer lo que no dice un poema, en reducir la poesía a un crucigrama de respuestas confusas. Pero también ha escrito en *El arco y la lira* que el poema hermético proclama la grandeza de la poesía y la miseria de la historia. ¿Cómo compagina ambos conceptos a la hora de escribir un poema?

10. **O. P.**: Me fastidian las simplificaciones de algunos profesores. No ver en el *Cántico espiritual* la sensualidad terrestre de muchas imágenes, es como afirmar que una botella de vino es una jarra de agua; reducir el mismo texto a un poema de erotismo licencioso es amputarlo, cerrar la puerta que da al otro lado de la realidad. Los grandes poemas son obras complejas que dicen, al mismo tiempo, muchas cosas.

149

Creo asimismo que las relaciones entre la historia y la literatura no son simples. Hay épocas decadentes desde el punto de vista político o social que han producido grandes obras y a la inversa. La literatura de la Revolución francesa fue pobre si se la compara con la del período romántico. Podría añadir otros ejemplos. No me parece necesario: ¿para qué? Hay que echar por la borda los conceptos y las opiniones cuando se escribe un poema.

11. **B. P.:** ¿Cómo puede, hoy día, enfrentarse la poesía a la idea moderna de *futuro*? Usted ya señaló que las sociedades se definen no sólo por su actitud ante el futuro sino también frente al pasado, puesto que sus recuerdos no son menos reveladores que sus proyectos.

11. **O. P.:** El principio que ha inspirado a la edad moderna, desde hace más de dos siglos, ha sido la creencia en el progreso. Es la «estrella intelectual», como dice un historiador inglés, que ha guiado a los pueblos de Occidente, a sus dirigentes y a sus pensadores. Con aisladas excepciones, los enciclopedistas y racionalistas del siglo XVIII, los utopistas y positivistas del siglo XIX y los liberales y marxistas del siglo XX, han creído en el progreso, ya sea en la versión evolutiva o en la revolucionaria. El culto al progreso se fundó en la sobrevaloración del futuro. Cada civilización se distingue de las otras por su visión del tiempo. La Antigüedad creyó sobre todo en el tiempo cíclico, en el eterno retorno; el judaísmo y el cristianismo en el tiempo lineal y sucesivo; los modernos en el futuro. La suma perfección, para el cristiano, está en un más allá del tiempo sucesivo que es también un más allá de este mundo: la eternidad, un tiempo que no transcurre. Dante dice, en un impresionante pasaje del *Infierno*, que después del Juicio Final no habrá futuro porque se habrán cerrado para siempre las puertas del tiempo. Todo será lo que es, lo mismo en el cielo que en el averno. Abolición del

cambio. Para los modernos el supremo bien está en el tiempo que es cambio incesante. Los antiguos veían con inquietud y aun con horror el cambio; les parecía el signo de la imperfección, la señal de la falta de ser. El ser es valioso y bueno porque es autosuficiente y no cambia, igual a sí mismo siempre. Para los modernos el cambio es bueno porque es continuo avance, progreso invencible. El cambio es el signo de la marcha ascendente de los hombres en la conquista del futuro. El tiempo es bueno porque es continuo cambio y el cambio nos acerca sin cesar al paraíso prometido: la tierra del futuro.

El culto al futuro encierra una quimera: nadie puede tocar el futuro. Es una región inalcanzable, perpetuamente evanescente. Nuestro paraíso es, literalmente, un espejismo: parece cerca y está siempre lejos. Por otra parte, el progreso se ha revelado como una nueva Pandora. De su caja fatal surgen los males de la sociedad contemporánea, de la polución de la atmósfera a la de las conciencias, del envenenamiento de las fuentes de la vida al embrutecimiento de las masas. La física moderna, nuestro gran y legítimo orgullo, ha hecho posible la fabricación de armas nucleares en una escala a un tiempo suicida e innecesaria. En verdad que la bomba no ha destruido al mundo pero *ha destruido nuestra idea del mundo*. La mera existencia de la bomba pone entre paréntesis al progreso y sus quimeras. La bomba refuta por igual a Marx y a Spencer, al revolucionario y al evolucionista.

Dos grandes poetas del siglo pasado se identificaron plenamente con el progreso: Victor Hugo y Whitman. Sus obras nos siguen alimentando, sobre todo la de Whitman, pero su culto al progreso los ha vuelto ligeramente ridículos, inactuales. Nos parece cómica su beatería ante una locomotora o un telescopio. En cambio, encontramos que aquellos que se burlaron de la religión cientista del progreso, como Baudelaire y Nietzsche, son nuestros verdaderos contemporáneos. Fueron clarividentes. El crepúsculo del futuro coincide con la aparición del ahora en el horizonte afectivo y espiritual de este fin de siglo. En la década de los sesenta se puso de moda una frase: *paradise now!* Un *slogan* simplista y que se ha desinflado como tantos otros de esos años. Pero la visión del ahora no puede reducirse a ese hedonismo fácil y superficial que delata el incurable optimismo norteamericano. El ahora tiene una dimensión trágica y otra luminosa: es una semilla que encierra los tres tiempos —el ayer, el mañana y el hoy— y las dos vertientes de la existencia: la vida y la muerte. El ahora es el tiempo del placer pero también el del éxtasis y la pena, el del acto y el de la contemplación. Es el tiempo de la poesía. Frente a «los vastos desiertos de la eternidad», como decía el poeta Marvel, frente al futuro y sus impíos espejismos: el *ahora*. No es la salvación: es la vida.

Londres, a 21 de mayo de 1988

ÍNDICE

La búsqueda del presente 7

Intersecciones y bifurcaciones (Valery Larbaud
 y Fernando Pessoa) 23

Poemas mudos y objetos parlantes (André Breton). 39

Decir sin decir: Altazor (Vicente Huidobro) 49

El arquero, la flecha y el blanco (Jorge Luis
 Borges) 60

Juegos de memoria y olvido (Luis Cernuda) 75

Arte e identidad (Los hispanos de los Estados
 Unidos) 94

María Izquierdo sitiada y situada 119

Una poesía de convergencias (Conversaciones con
 Benjamín Prado) 138

Impreso en el mes de noviembre de 1991
en Talleres Gráficos DUPLEX, S. A.
Ciudad de Asunción, 26
08030 Barcelona

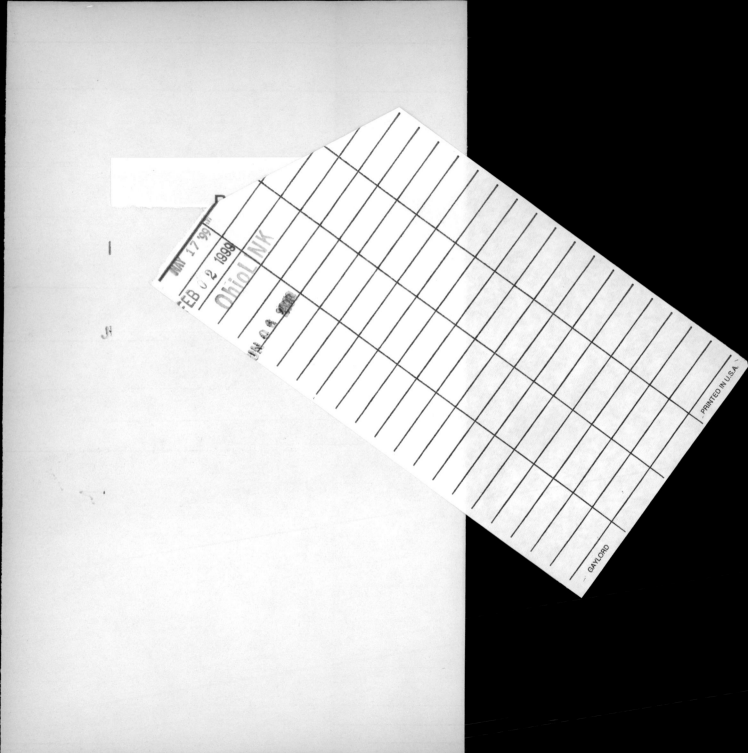